王竹颖　主编

我们是少儿班的编外生

北京八中超常教育30年文集之家长篇

學苑出版社

图书在版编目（CIP）数据

我们是少儿班的编外生 ：北京八中超常教育30年文集之家长篇 / 王竹颖主编. —北京 ：学苑出版社，2015.9（2020.8 重印）

ISBN 978-7-5077-4859-8

Ⅰ. ①我… Ⅱ. ①王… Ⅲ. ①超常儿童－儿童教育－家庭教育－文集 Ⅳ. ①G78－53

中国版本图书馆CIP数据核字(2015)第212724号

责任编辑： 杨　雷
编　　辑： 李点点
封面设计： 徐道会
出版发行： 学苑出版社
社　　址： 北京市丰台区南方庄2号院1号楼
邮政编码： 100079
网　　址： www.book001.com
电子信箱： xueyuanpress@163.com
联系电话： 010-67601101（销售部）　67603091（总编室）
经　　销： 新华书店
印 刷 厂： 北京建宏印刷有限公司
开本尺寸： 787×1092　1/16
印　　张： 13
版　　次： 2015年10月第1版
印　　次： 2020年 8 月第2次印刷
定　　价： 50.00元

《北京八中超常教育30年文集》编委会

总序一

为北京八中科学的创新并坚守喝彩

1985 年在北京市和西城区教育局的支持下，北京八中创办了中学超常教育实验班（简称少儿班），到现在已经 30 年了。我欣喜地看到他已踏入而立之年，焕发着成熟稳健的风采。

教育的公平首先在于有教无类，同时在于因材施教，最后为人尽其才奠定基础。智力超常的儿童少年和低智商的人群一样都需要创造适合他们身心发展的教育，所以国际上超常教育的实践就成为教育研究的重要课题之一，而北京八中正是以其研究的成果进入了世界这项研究的前沿行列。

国内进行超常教育实践的学校并不多，北京八中这项实践坚持进行了 30 年，首先在于北京市和西城区领导的远见卓识，始终如一的指导与支持，当然更在于八中历届领导和老师们的坚守。

北京八中超常教育 30 年这套丛书，能够给我们很好的启迪，充分体现了三种宝贵的精神：科学精神、创新精神和执着精神。

首先是有科学精神。因为有科学精神，才会用科学的方法，追求教育的真理。北京八中少儿班就是立足于科研而创建的，既为了将已有科学理论应用于教育实践，又为了发展教育科学。因此，从创建之初，就将科学研究放在重要地位，从教育教学实践中发现问题、研究问题、解决问题。30 年来少年班一直坚持与中国科学院心理所、北京市教育科学研究所等单位密切合作，潜心研究超常儿童鉴别和培养的科学规律，其阶段性成果曾前后三次获得国家教育部和北京市的省部级特等奖、一等奖和二等奖。这种科学精神，使北京八中少儿班多年来根据学生身心发展的需要，根据社会发展的需求，为每个孩子提供更加适合他们身心发展的教育环境，特别是首创自然体育课和丰富的社会实践，最大限度减少应试教育的成分，帮助他们成长为社会需要的、具有健全人格的优秀人才。

同时具有创新精神。因为具有创新精神，才会不断进步，不断发展，走向卓越。北京八中超常教育敢为天下先，而且在30年的教育实践中不断有新的创造，就是因为有这种创新精神。其创新之源，来自于对现有教育的用心思考，来自于对学生的爱和责任，来自于服务现实和人民的宗旨，来自于追求优质与卓越的目标。只有科学精神和创新精神的结合，才能孕育好的教育模式。好的教育模式，不仅为更多的智力超常儿童的常态性发展提供了可能，也为基础教育的整体发展提供了宝贵的借鉴，超越了传统教育，衍生出新的生命力。

更为可贵的是彰显了执着精神。超常教育在其发展过程中，有过这样或者那样的质疑，有过一些人的习惯性抵制，特别是仍有一部分人对特殊人群需要进行适合他们的特殊教育的认识还不足，因此，坚持实践是有难度的。“千磨万击还坚劲，任尔东西南北风”。30年的岁月，环境在变迁，校长和教师在更迭，北京八中始终坚守阵地，不改初衷，这需要何等的定力！正是这种坚守，凝聚了有志者的心血和力量。原北京八中龚正行校长是这样，现北京八中王俊成校长也是这样，带领一批优秀的教师们，执着践行着教育的真谛。

坚持科学精神，才能使教育不受功利化的影响；坚持创新精神，才能使教育促进社会的发展、促进人类的美好；坚持执着精神，才能使方向更明确，步伐更坚定，走得更远，走得更好！才能为国家培养更多富有社会责任感、勇于追求真理、充满创新精神、坚忍执着、不断探索的高素质人才。

这三种宝贵的精神，为北京八中的超常教育奠定了坚实的基础。我相信，北京八中在下一个10年、20年、30年……一定会一如既往地坚守这三种精神，从而使北京八中的超常教育越办越好！

国家教育咨询委员会委员

联合国教科文组织协会世界联合会荣誉主席

2015年9月17日

总序二

超常教育创新　三十而立追未来

创立于1921年的北京市第八中学，在90多年的发展中，有着突出的办学传统和成就：改革创新的传统，素质教育的先行，超常教育的典范等等；培养了一大批优秀学生，成就了一批优秀教师，积累了丰富的办学经验。

北京八中超常教育创新实践从1985年创办中学超常教育实验班（简称少儿班）启程，已走过了数十年历程；“三十行走踏新路，而立攀升筑风景”；少儿班创办30年来，已经招生22个班，708名学生，毕业18个班，向社会输送了554名优秀少年大学生，其中许多人已经成为各行各业的佼佼者。

八中超常教育取得这样的成绩，首先是北京市、西城区的领导站在为国家和民族培育未来英才的高度，遵循规律、追求教育创新的运筹决断并指导帮助的结果；是社会各界大力支持和共同努力的成果。我们想借对超常教育30年的总结研究，在集成和优化优秀成果的基础上，升华和创新未来的教育实践。这一套由学苑出版社出版的北京八中超常教育30年文集，倾注了我们的教师、家长、学生，还有超常教育研究和实践的同仁们的精力和心血，具有特别的价值和意义。

这套文集，包含北京八中超常教育30年历程的真切纪实；包含30年来教师们在教育教学实践中形成的大量科研成果；包含少儿班毕业生家长对八中超常教育的体会和家校教育的宝贵心得；包含少儿班毕业生对超常教育的切身体验和深刻感悟；包含国内超常教育专家的研究精粹以及超常教育同行们的实践精华。她用丰富翔实的事实，科学研究的成果，诚挚热烈的心声，说明了北京八中的超常教育，是为超常儿童提供了适合的教育，是因材施教和教育公平的科学体现。她用时间和历史，证明了超常教育对培养国家高端人才和对普通教育改革和创新的重要意义。

北京八中超常教育能坚守30年，重要原因是在对教育规律和人才成长规律认识及把握的基础上有创新的教育理念，并且有创新的教育模式和一批具有创新精神的教师。有创新的教育理念和追求，才会产生创新的行为及教育模式，才可能比较规范和持续的发展；才可能集聚一批具有创新精神的教师，进行创新的课程设置和创新的教育教学并生成创新的教育教学成就。例如，在社会各界的支持下，原北京八中校长龚正行提出创建少儿班这种创新教育模式，并组建优秀团队进行创新实践；例如，原八中少儿班体育教师杜家良创造的自然体育课及其教育教学方式，让孩子们终身受益；例如，现在八中超常教育的总结和研究，让我们更加真切地感受和发现其丰富内涵及其显著的创新价值。这些平凡而伟大的创新，都源于对学生的浓浓爱意和殷殷期盼，更源于深切的家国情怀和对教育的神圣使命感及高尚的奉献精神！

总结过去是为了更好地把握现在和创造未来。总结和研究，让我们看到了成绩，也让我们意识到不足。例如，在家长和毕业生的反馈中，我们看到今后努力的空间；在教师的科研论文中，我们发现还有很多可以研究和提升的地方；在专家们的研究中，我们意识到中国超常教育急需探索和突破的课题；在同行的实践中，我们看到今后前进的方向；在我们共同的追求中我们特别期待在战略上和政策上的明确及支持等等。因此，未来的路还很长，任重而道远。

行者无疆才能风光无限。搞好传承并不断创新是我们的使命和价值，我们有更深更广的创新空间，我们有更大的作为和成就，我们需要更加明确把握超常教育的培养目标，以创新课程建设为核心，优化教育教学方式，与信息化技术等紧密结合，等等，不断完善并创新国际上通常的“加速式”和“充实式”超常儿童培养模式，以务实的素质教育、优质的“因材施教”、丰富的办学内涵及其鲜明的办学特色为首都高水平的教育公平和优质的教育创新增光添彩。

路漫漫其修远兮，吾将上下而求索！仅以此序献给这些执着践行教育真谛的人们，并向他们致以最崇高的敬意！

王俊成

2015 年 9 月 17 日

序

适合的教育才是最好的教育

1985年9月1日，北京八中的“中学超常教育实验班”（简称少儿班）第一班诞生了。这个由来自北京市的35名平均年龄10岁的智力超常儿童所组成的实验班，计划用四年左右的时间，完成小学五、六年级和中学六年的基础教育任务，在14岁左右时成为合格的高中毕业生。

30年过去了，少儿班有17个班（1985～2014）毕业，共524人，首届毕业生年龄在40岁左右。如果用高考成绩来评价，少儿班的成绩是出色的；如果用科研成果来评价，四次省部级的科研奖也可以说明实验是成功的。但我们更看重的是社会实践的评价，也就是说，这些学生在上了大学，走上工作岗位后的表现怎么样？

陪伴少儿班学生成长全过程的人是谁呢？是少儿班的家长；对少儿班工作最有发言权的人是谁呢？是少儿班的家长。

在八中少儿班诞生30周年之际，我有机会看到了由少儿班家长的多篇文章所汇编成的书稿，很是感动，很受教育，收获也很大。

有的家长重点介绍了自己的家庭教育情况；有的家长讲了孩子成长的全过程以及取得的业绩，并回过头来分析家庭教育和学校教育的作用……总之，从这些家长的文章中可以得出一个结论：孩子的健康成长，需要家庭、学校，乃至社会，为每个孩子提供适合他们自己的教育。

要想为每个孩子提供适合的教育，就要注意三个问题：其一，要了解、研究、尊重孩子的身心发展的规律；其二，要在家庭和学校教育中，尊重教育的规律；其三，研究未来社会，使孩子能适应未来的需要。

30年的实践说明，尊重学生身心发展规律和教育规律；遵循北京八中的“着眼于未来，着力于素质，培养志向高远、素质全面、基础扎实、特长明显的一代新人”的办学方针；坚持教育改革，为少儿班学生提供适合的教育，超常儿童的巨大发展潜力就可以转化为发展的巨大实力。

可以说，八中少儿班四年左右的学制，为超常儿童提供的正是适合他们发展的教育。少儿班几百位毕业生，用他们的成长、成功的经历，证实了这种“快速”是适合超常儿童的认知能力的速度。本书所见的几十位少儿班家长用生动具体的案例，再一次说明了这个事实。

少儿班家长在文章中主要讲的是超常儿童的家庭教育和八中少儿班的学校教育。但这些规律性的宝贵经验带有普遍性，对所有的家长、老师，或从事家庭教育和学校教育的人，都有一定的参考价值。

八中少儿班的家长和老师，在少儿班这些超常儿童的教育过程中结下了深厚的友谊。在少儿班成立30周年之际，家长们又在百忙中写出了这么多好文章，在此，我以一个老教育工作者的身份，向你们表示感谢。

龚正行

2015年7月

（龚正行：北京市特级教师，北京市有突出贡献的科学技术管理专家。北京八中名誉校长、顾问；西城区教育顾问；原北京市人民政府顾问）

编者的话

北京八中超常教育实验班（少儿班）30 年的历程中，出现这样一个现象：学生家长积极主动地参与了这项科学实验研究的全过程，在思想品德、身心健康、教学管理、社会实践和民主监督等方面工作中发挥了不可替代的作用，也反映了家庭教育在人生教育中的积极的、重要的作用。正是由于少儿班能够长期坚持学校、家长、学生共同参与科学实验的做法，为少儿班的建设和发展提供了不竭的动力。

我在少儿班工作了 28 年，当了 17 年的班主任。从每年的招生咨询开始，我就不断地宣传我们的教育理念；通过家长委员会、每月一次的家长会和家长接待日等形式，和家长保持着密切的联系与沟通。在得到家长的信任、理解的同时，我和家长们也建立了深厚的友谊，与很多家长成了朋友。他们与我分享为人父母的快乐和苦恼；分享孩子成长中的欣喜，也会告诉我孩子在成长中遇到的焦虑、困惑和烦恼。甚至在孩子毕业后，家长依然和我保持着联系，分享孩子毕业后的进步、成就、快乐与幸福。

每个班入学时，我们都要通过问卷调查、家长访谈，了解学生的养育过程、成长经历、个性特点、亲子关系等情况。每个班毕业时又会有很多家长将他们与孩子经历的少儿班生活写成感悟交给学校。这次少儿班成立 30 年，我们向毕业生家长发出了征稿启事，得到了家长的积极响应。受篇幅所限，在众多的稿件中我们只选用了 40 篇，那些没有被选用的稿件也是少儿班的珍贵资料。看着家长的来稿我深受感动，这些文章中认真细致地记录了孩子的成长，处处充满了对孩子的爱与期望，包含着很多全新的教育理念。正如中科院心理所查子秀研究员所说："教育孩子的工作是一项创造性很强的工作。家长在不同的家庭背景和条件下，把不同特点的孩子培养成各种出色的人才，这就是一种创新、一种创造。"

少儿班孩子们的特殊经历也使家长们成了一个特殊的群体，他们关心着这个群体中的每一个孩子，交流着经验和体会，分享着快乐与幸福。

在此，我由衷地感谢王俊成校长全力的支持与指导；由衷地感谢北京八中中学超常教育实验班的创始人之一、原北京八中校长龚正行，他认真地看了每一篇文章，提出了中肯的意见；还要感谢少儿班各届班主任的支持。由衷地感谢刘涟编辑，她是少儿班学生的家长，对少儿班的创办有着一定的理解。在他们的鼓励下，我才有勇气来编辑这本书。当然更要感谢所有投稿的家长，这么支持少儿班的工作、支持我的工作。

目　　录

第一部分　打破常规出人才

第二部分　我们和孩子一起成长

第一部分

打破常规出人才

从人生规划能力的培养看少儿班教育的成功

宁　波

我的孩子

1993~1997 年北京八中少 5 班学生
1997 年考入北京大学
（本文写于 2015 年）

题记：看到每天一身手术服来去匆匆的女儿，我们心里总是别有一番滋味。这个从少儿班走出来的“丑小鸭”，如今已成长为美国哈佛附属医院 MEEI 眼科中心的一名眼外科医生了。

女儿从少儿班毕业已经整整 18 年了。不管是约翰斯·霍普金斯医学院神经科学的 PhD，还是哈佛大学医学院的 MD，不管是在哈佛附属医院的住院医学习，还是已经成功申请到了视网膜专科医生培训，她一步步走得那么系统和完整、坚定和扎实。

四年的少儿班生活，使女儿不仅学到了知识，更为重要的是教会她如何思考自己的人生、如何进行自我定位、如何为自己的目标去努力。

一、超常教育的目标绝不是四年后考入重点大学

当女儿执意放弃仅有 25 人的景山学校第一届的数学实验班，转向选择八中少儿班时，我们最大的担心就是四年后她能不能考取好大学。

少儿班的第一次家长会上，老师们的讲话使我们耳目一新，超常教育的目标绝不

是四年后考入国家重点大学。我们是要为科学、为人类早出人才、快出人才，成为社会受欢迎的人。这种对学生的培养着眼于长远、着眼于未来的办学思想，开阔了我们的眼界，超出了我们的对女儿上少儿班的期望值。引导学生把人生的目标定位在对社会的价值上，定位在对科学知识的探求上，把孩子交给少儿班我们心里踏实了。

进入少儿班之前的女儿是什么状态呢？

10岁的她还仅仅是个懵懂的孩子。她想的是要成为在月球上画地球的第一个中国人，她盼的是北京的每个交叉路口都建立交桥……每天生活在天真的梦幻中，一天到晚快乐地走着蹦跳步，她还不懂得今后的人生方向是什么。

即将从少儿班毕业的女儿是什么状态呢？

就要高考报志愿了，住校的女儿回到家，我们问她准备如何报志愿，她说："我第一志愿北大，我第二志愿北大，我第三志愿还是北大。"我们非常着急，告诉她这样可不行，必须报三个不同的学校。她给我们的回答是："好吧，那你们帮我到新东方学校报TOEFL班吧。"拿到听课证的女儿认真地报了三个学校：北大、复旦、上海医大。当我们带着疑问去咨询老师时，老师告诉我们："如果不出意外，问题不大。"她的选择、她的清醒、她的自信远远超出了我们的预期。

走出少儿班的女儿是什么状态呢？

刚刚拿到北大生命科学学院的录取通知书，我们发现女儿在一张纸上写着从1997年暑假至2001年毕业期间的每个寒暑假的安排，而且是倒推地填写出如果毕业就出国的话，那么每个寒暑假期要做哪些准备。我们当时还没完全意识到她的这种规划能力，还和她开玩笑："哎呀，你怎么把倒推法用在这啦。"

大学二年级一开学，女儿被通知自己的一篇《基因治疗家族遗传疾病》为内容的论文得到了"写得比较有专业水平"的评价，加之经文化课、英语水平考察，入选了由诺贝尔奖获得者李政道博士设立的、北大生科院仅遴选出两名学生的第二届"君政大学生见习研修基金"的资助，提前进入国家重点实验室做课题。

大学初期就开始跟踪生物领域的前沿学科，思索到美国读博选择的专业问题；大三就开始收集和归纳出国具体操作上的一些事情；甚至计划出国前要去敦煌、要去西藏、要学会开车、学会做饭……

在美国读博一年后探亲回家，女儿从学校带回一个穿着手术服的小熊。我们做卫生时不小心把小熊碰到地上，发现它衣服的里面有个口罩，我们把口罩带在小熊嘴上。女儿看见后大叫："摘下来，我有压力。"顿时我们意识到了女儿不仅仅满足做医学研究的博士了，她还想读医学博士了。

刚刚拿到约翰斯·霍普金斯医院神经科学PhD的女儿，又考取了每年仅仅招收

30 名、旨在培养医学科学家、由哈佛医学院和 MIT 联合培养的哈佛医学院 HST 专业。毕业后留在哈佛附属的 MGH 和 MEEI 做住院医。现在又闯入了视网膜专科医生这个行列。

一路走来，我们觉得女儿的每一步都规划得非常系统和完整，没有任何迂回，更没有弯路。

如果说女儿独立的思想是有生俱来的，那我们家长仅仅是没有磨灭它，而少儿班教育使它得到了正确的引导，为它创造了良好的发展环境，给予了它明确的目的性和方向性，注入了它更旺盛的生命力，奠定了女儿人生的良好基础，这将使她终身受益。

二、咱们孩子喜欢什么，就让他们报什么

一心要攻克癌症的学生考取了北大生化专业；喊出“我一定要搞出中国的‘奔驰’”的学生考取了清华自动化专业；曾经组建班里“化学公司”学生考取了北大化学专业；酷爱物理的考取了中科大物理系；将来想当“中国的格林斯潘”的考取了北大数学系……各有各的抱负，各有各的理想，丝毫不受别人的影响，更没有世俗眼中的“好就业”“挣钱多”，他们是那么的执着。四年的少儿班教育造就了他们的思维能力，发展了他们的兴趣，强化了他们的个性。我们不得不承认这样一个事实，他们的自我定位能力比他们的智力更优秀。

高考前的家长会上，老师这样动员：“大学教育对咱们孩子来说还是打基础。家长一定要注意孩子的兴趣，咱们孩子喜欢什么，就让他们报什么，家长不要过多的干预，要尊重孩子的意见。”四年来，老师不仅培育了学生，也教育了我们家长。

我们认真地思考着老师的话，回忆着女儿从小到大的个人兴趣趋向。女儿从小就对微观世界感兴趣，喜欢思考有关生命的问题，经历了从模糊到醒悟、从幼稚到成熟的一个逐渐演变的过程。

就在高考填报志愿之前的一天晚上，女儿照旧看着每天的报纸，我们在厨房做饭，就听她突然大叫：“太好了，太好了，等着我呢!”我们问：“等着你什么呢?”她兴高采烈地举着报纸跑过来：“你看，《人类基因序列图谱》2008 年才能搞出来，我那会儿已经大学毕业了，所以，等着我呢。”然后给我们讲了一通什么是人类基因序列图谱和它将来对人类的贡献。

女儿的兴趣和爱好使得我们好像有点儿明白了，便询问女儿：“那你准备学医呀?”“不不不！我这是搞药，搞医学研究。我要报北大生物系。”女儿答道。这对于

学计算机的我们来说，既跨了专业又跨了领域，简直是一头雾水。于是，我们立即到北大生物楼了解情况，看了橱窗里的介绍，拦住学生咨询专业内容、生源情况。如果说去时心里是带着疑问，那么回来心里可是带着否定了。

“不行，北大生物系太难考了，竞争太厉害了。你如果特别喜欢这个专业，是不是考虑一下复旦大学或南京大学。如果你非要上北大，上个数学系或者其他系其实也不错。”听了这话，女儿立刻瞪圆了眼睛：“不行，我必须报，咱们国家的遗传事业不能没有我！如果考不上，我就先暂时学化学，毕业以后出国，我再转到这个专业来。”

兴趣孕育巨大的潜能。进入大学的女儿，好像又进入了一个可以自己驰骋的新天地，内在的潜力一下子释放了出来。她和大哥哥、大姐姐们在一起学习更增加了动力，四年的大学成绩一直保持在前三名。她赢得了几乎所有的学习机会，得到了几乎最高的学习奖项，毕业时以市教委的“北京地区高校优秀毕业生”走出北大校门。

大学的后两年里，既要学好专业课程，又要做好课题，还要准备出国的各种英语考试，女儿时间太紧张了，精力太投入了。除了上课，其他时间就是在实验室。她可以几个星期不回家，她可以压缩吃饭、睡觉的时间。她可以眼一闭、头一歪，立刻就睡着。可睁开眼睛的她又能马上回到兴奋状态。一次，她拿回和设计完全吻合的人工合成测序结果图样，高兴地抱着它，放在枕边，手摸着它闭上眼睛睡着了。此情此景，我们都被感动了。

一直关心着女儿的长者这样评价道：“她太投入了，已经不觉得累了。”女儿自己这样说：“……我得到了，但我并没有失去。”

18 年过去了，女儿的生活发生了很大的变化。她已经结婚生子，成了两个儿子的妈妈，而她的兴趣却从来没有改变。当了医生的她和我们这样说：“告诉你们，我当医生不是为了别的，就是喜欢！”至于今后的发展，她希望“又搞临床，又有自己的实验室。”

三、少儿班的素质教育，是对人生规划最好的储备

展现在我们家长面前的一张照片上，学生们东倒西歪地睡在路边，一张张黝黑的小脸透着坚韧和满足。这是少儿班骑自行车从山海关回北京中途休息的一幕。家长们惊喜着自己的孩子怎么有这么大的能量，更佩服着组织、设计此次活动的少儿班老师的谋略和责任心。

少儿班在超常教育体制下的素质教育是很有特点的。最富有特色的体育课和假期

活动，给了学生们太多太多的收获。远足锻炼了意志；跳水锻炼了勇气；滑冰锻炼了灵活；游泳锻炼了毅力；爬山锻炼了开阔的心胸；自行车远行锻炼了吃苦的精神……学生们学会了自信，学会了坚强，为他们今后的人生规划做了最好的储备。

规划人生，准确评估自己。少儿班教育其中的一个环节就是在每次测验之后，由学生先评判自己的成绩。这样有的放矢的锻炼，既能使学生对所学知识进行充分的分析和总结，又能使学生提升自我评估的能力。

一次家长会后，老师请一位家长先留步，告诉他：××本来考得好的那科他给自己估低了，考得不好的那科倒给估高了，这事可要重视起来了。

为了学生能够准确地评估自己的成绩，少儿班老师就是这样如此认真。四年的学习，无数次的历练，学生们都能勇敢地对现实中的自我做出正确的评判。这种能力的培养远远超出了学业的范畴。人生规划很重要的一个前提就是要给自己一个正确的定位，它涉及人生规划中的专业选择、职业选择、甚至生活中的方方面面。

已经毕业的少儿班学生们，不管是在世界哪个地方，只要回国，一定会来探望老师。少儿班老师就抓住这个机会，让他们给师弟师妹们讲述他们的学习经验，探讨他们的人生体会。帮助学生们在师哥师姐身上寻找着自己未来的人生轨迹。这对学生们是卓有成效的激励，影响是深刻的、长远的。

人生的关键莫过于高考，而高考的关键莫过于填报志愿。眼下一个十八九岁的孩子参加高考，大多数家长都要帮着动脑筋、咨询、搞社会调查来选择或指导填写志愿。家长认为他们年龄小、阅历浅、对专业发展看不清楚。与此形成鲜明对比的是，少儿班一群平均 14 岁学生的填报高考志愿 90%是孩子们自己的选择，最后的录取结果基本上是第一志愿第一专业。如此清楚地知彼知己，如此高度地准确定位，即使再对超常教育持怀疑态度，也不能不对此感到震撼了。

规划人生，投入中享受快乐。人们总是喜欢在总结中、在反思中概括出为什么去努力，去奋斗的豪言壮语。其实在女儿的世界中是非常简单的。所做的一切她的感觉就是“好玩”“有意思”“特刺激”。

我们感觉女儿只要睁开眼睛，浑身细胞都在跳跃，从来没有听她叫过一声苦，她总是那么快乐。正像少儿班老师所讲：咱们孩子们将来基本上是要从事科学研究的，他们要学会从中寻找到快乐。少儿班四年的生活教会了她做一个不怕寂寞有追求的人，培养了她如何保持悠然自得的心境。

北大生命科学学院四年的学业是很重的，再加上从第二学年就进入实验室做课题，女儿每天睡觉很少，周末和假期也不回家。我们问她累不累，她总是说：“挺好玩的。”每当说起她的学习、实验，她都从心里往外透着兴奋，洋溢着快乐。那些艰辛和劳苦，都被她投入的热情淹没了。

女儿邀请我们参加了她的博士论文答辩，会后的聚餐上，一起合作课题的约翰斯·霍普金斯医院神经科主任讲道：“……她年龄这么小，我以为她能做出一个系列（研究课题）就不错了，没想到她做出了三个系列。所以我们不能放她走。如果走了，对霍普金斯医学院是个损失。”听到这样的评价，我们是为女儿骄傲的。

麻省总医院的外科辛苦是出了名的，女儿在这里做的第一年的住院医，正好赶上怀孕生孩子。她产假仅仅休了 20 天，就又投入了工作。连续工作 30 多小时、三天才睡几个小时、呼机一响无论吃饭睡觉立刻就走，这些都成为常态。她享受着主刀手术后病人视力恢复的成功，享受着手术又比原来缩短了时间的成功。她在医院里被大家公认为“最勤奋的住院医”。

规划人生，不怕困难。女儿独立地面对一切，靠积极的心态和坚强的毅力实现自己的目标已经成为她的习惯。

少儿班老师在学生们进行人生抉择的关键时刻总是鼓励他们：“咱们孩子年龄小，干什么都来得及。”这样的教诲已经深深地印在女儿的心里。在选择报考美国医学院的 MD 时，女儿就和其他同学说：“报医学院吧，咱们年龄小，还折腾得起。”

尽管我们对女儿的感觉就是：“她总是向前冲呀，杀呀，拦都拦不住。”她向前走的每一步都是她自己做主，她总是能为今后找一个努力的目标。她的抉择常常在推着我们不得不先认可，再慢慢地理解。攻读美国的医学博士，我们真是做梦也没想到。

由于女儿早早地就树立了这个目标，她就有计划地做了各种准备。读 PhD 期间因为要做大量的实验，时间是很紧张的。她要准备医学院的入学考试，又要到医院去做义工。她能把精力和时间发挥到最佳状态。最后我们问她决定去哪所医学院时，她说：“就是你们想的最理想的那个。”

起初我们意识到她要读医学博士时，就四处了解有关报考美国医学院的情况。得知美国学医每年学费要六七万美元，甚至有的医学院需要入学时一次性付清几年的学费，我们着实地感到了压力。可是女儿却坚定地告诉我们：“学费不用你们管，我自己贷款。”

20 多万美元的学费依然没能绊住她，在困难面前显示出她有勇有谋、冷静自信，不依赖任何人，包括自己的父母。

幸运的是，哈佛医学院免除了她全部的学费。她也有幸成为哈佛医学院临床医学几十年来录取的第二个中国学生，也是唯一一个来自中国的女生。

这是一条需要 10 年才能走完的人生道路。四年的医学院学习，毕业后做四年的住院医，再加上两年的专科医生培训。一个女孩要面对多大的压力，要克服多少困难，她都坚定地走过来了，并且还将继续走下去。

少儿班学生作为一个群体，超常教育的引导和老师的教诲在他们之间有着巨大的影响和互动。他们虽然在不同的地域，有着不同的专业，忙着不同的事情，但他们有着极大的默契、有着共同的特点。我们感觉他们头脑清楚，有一定的前瞻性，有很强的自我规划能力，表现出了高度的独立性和目的性，决不会依靠别人或家长来安排自己的命运，在自己的人生道路没有表现出任何的畏惧。

女儿对少儿班的感情是厚重的。她这样写道：“少儿班奠定了我们人生的基石，培养了我们能吃苦的精神和坚韧的性格，帮助我们赢得了赴美继续求学深造的时间，从而找到了人生的方向和目标。少儿班也是一个伴随我们成长的大家庭。我很幸运能有这么一个‘家’。”

打破常规出人才

彭嘉陵

我的孩子

1997~2001 年北京八中少 7 班学生
2002 年考入清华大学
（本文写于 2015 年）

题记：我常常在想，如果南南没有进入八中少儿班，她今天的工作和生活会不会是现在这个样子？她现在在干什么？又会怎么样？可以肯定的是，如果没有进入少儿班，南南肯定不会这么早大学毕业、研究生毕业，不会年纪轻轻当上公司中管。这得益于少儿班缩短了四年学制。

2013 年 7 月，我女儿南南受聘于北京一家建筑设计公司，担任景观部设计总监，成为该公司中层管理人员。此时，她 26 岁。

26 岁能够成为一家不算太小的公司的中管，应该说为数不多。而其工资，是我这个工作了 30 年的老妈的三倍多！

在她这个年龄，大多数人刚刚研究生毕业进入职场，只是一名普通职员，月薪只有几千元至一两万元。而此时，她已在美国两家公司工作了两年半，在美国公司上海分部工作了一年半，加起来已有四年的工作资历了。

看到女儿职场发展比较顺利，我和她爸爸感到很欣慰。

我常常在想，如果南南没有进入北京八中少儿班，她今天的工作和生活会不会是现在这个样子？她现在在干什么？又会怎么样？

可以肯定的是，如果没有进入少儿班，南南肯定不会这么早大学毕业、研究生毕业，不会年纪轻轻当上公司中管。这得益于少儿班缩短了四年学制。

南南在10岁时考进少儿班，这让我们喜出望外。一是没想到女儿这么优秀，在全市1800多名考生中脱颖而出，成为少七班34名学生中的一员；二是不必为当年即将实施的北京市小升初电脑派位而担忧了；三是从此进入“保险箱”，初中不用考了，高中不用考了，直接考大学，而且能考上重点大学。

其实我们没意识到，改变女儿一生的命运，可能才刚刚开始。

原来只是听说少儿班好，但到底怎么好，我们完全不清楚。还是在试读一周以后，回家等通知书的那段时间，女儿就天天念叨，特别想能真正进入少儿班。问她为什么？她说，我觉得少儿班上课特别有意思，跟在小学完全不一样，学习就像是玩，而且特别有趣，作业也不多，还有专门玩耍的课程。直到女儿进了少儿班，我们家长也参与了其中一些活动，才慢慢了解到少儿班与一般中小学真正不一样的地方。

一、自然体育课培养了孩子不惧困难、勇于进取的精神

少儿班最与众不同的一门课是自然体育课。可能许多人根本就没听说过这门课。这是为了让孩子们在紧张的学习之余放松身心的一门课，也是强身健体、锻炼意志品质的一门课，更是培养他们团队意识、学会与人相处、相互帮助的一门课。这么说大家可能还是不得要领。举几个例子吧。

少儿班的自然体育课有这样一些内容：全班分成几个小队，从复兴门学校所在地，走到公主坟南海军大院游泳池，游完泳再以小组为单位一起坐公交车回学校，自己管理公共汽车费用；

以小组为单位，走路到玉渊潭，在里面跑N圈，然后走回学校；

以小组为单位，到中山公园、景山、北海、天坛等处搞活动，往往是走去再走回；

全班集体爬香山；

……

走路的过程就是健身的过程，分小组其实是培养集体意识、团队意识。

活动中不带吃的，只提供白开水，回学校吃午饭。再累再饿，再苦再累，必须坚持。

有一次从香山回来，都下午两点多了，孩子们一个个狼狈不堪，但还必须硬着头皮自己去食堂抬饭桶回来。我们看着都觉得心疼。但老师说，这是为了培养孩子们的意志品质，温室里长大的孩子，必须吃点苦才知道去拼搏，今后遇到困难才不会放

弃，才会咬牙去克服。

最考验人的一次是，少儿班第三年暑假，骑车到山海关！300千米路程啊，高温酷暑，不少成年人未必能完成，对于年仅十三四岁的孩子来说，可是极具挑战性的。经过两天两夜的艰难骑行，全体学生全部安全到达。我女儿是少数几个没有坐在汽车里休息一段时间的学生之一。她后来跟我说，真是酷暑难耐呀，她晚上休息时发现，白天穿的一件蓝花丝绸上衣，全是一圈圈的白色汗渍。“从来没出过这么多的汗!”她说。这段漫长的路途，她和同学们真的是咬牙挺过来的。我想，这对于她意志品质的磨炼甚至性格的形成，都是大有裨益的。

我们渐渐明白了，自然体育课是真正塑造人格的一门课。

刚入少儿班时，女儿又瘦又小，小时还得过胃病。通过少儿班几年自然体育课的锻炼，她长高了，长壮实了，长成一个健康、开朗、阳光的女孩。胃病也不治而愈。

这里不得不说一下南南2009年在美国宾夕法尼亚大学景观设计专业硕士毕业后找工作的事。南南应该说运气不佳，毕业那年正赶上全球金融危机，而且从美国发轫，她毕业首当其冲。一直以来，凡是宾大毕业的学生，美国各大公司都是抢着要的，早在毕业前几个月就基本抢光了，而且薪水也蛮可观。可赶上金融危机，美国人都找不到工作，别说外国留学生了。而且，外国学生签证在毕业后只能管三个月，超过时间必须离境。毕业之前，南南就不遗余力地找工作，简历投了一家又一家，面试也去了一家又一家，有的还在其他城市，可一直到毕业后都没公司要。

一个月过去了，两个月过去了，眼看还有一个月就要离开美国了，她不甘心，还在不断地争取。她找到波士顿一家小公司，专程从费城赶过去当面推介自己，后来又通过电子邮件和电话反复向他们说明自己的情况，厚着脸皮去争取。终于，他们被她的诚心打动了，接受了她。要知道，接收一个外国人，比聘用一个美国人麻烦许多，比如要帮着办工作签证，而且还有额外的成本支出，要付几千美元的签证费，还要有专门的人去办理。最关键是，这家公司只有十几人，过去从未录用过外国人，连这些手续该如何办都不知道。

但该公司不仅接纳了她，还帮她办好了一应事项。这令南南颇为感动。当然，后来在工作中也颇为尽力。

我在想，南南这种不惧困难，勇于接受挑战的精神，也许就源于少儿班对他们的特殊培养，特别是自然体育课这门特殊课程的锻炼。

当然，该公司当时能接纳南南，除了被她的执着所感动外，恐怕还是更看重她的专业素质。南南在硕士研究生的第一年，就与宾大来自四个院系的同学（分别来自MBA、建筑设计、景观、城市规划），组成一个五人团队，参加了美国土地学会

（ULI）组织的一年一度的学生城市设计大赛，南南是主要成员。他们利用课余时间准备的成果，在第一轮中脱颖而出，成为四个入围团队之一。第二轮比赛中，深化和调整方案后，他们从费城赶往达拉斯进行最终汇报，终于获得一等奖！每人获得一万美元的奖金。该大赛是美国大学权威的赛事，具有很高水平。获奖后，当地报纸还专门报道了此事，并刊登了南南和指导老师相拥庆贺的照片。我想，这至少说明南南不仅出自名校，而且是个优秀的学生。要是在过去，一家美国小公司是不可能招聘到这样高素质人才的。现在算是被他们拣了个漏。嘻嘻！

很快，南南的工作就得到公司认可，再过些时，老板交给她独立设计某些项目的任务。过了大半年，一家大型设计公司招聘，南南获得了机会。从此，收入也大大提高，工作一年多以后被派回上海。

二、游戏中学习的英语课，培养了学生浓厚的兴趣

少儿班的英语课，一开始是在游戏当中进行的。正好英语老师是从美国留学归来的，年轻有激情，把美国的先进教育理念运用到教学中，英语课教室的课桌不是一排排的传统的摆法，而是围成一个圈，大家面对面。讲故事，做游戏，有时还排节目，演话剧，老师也参与其中；经常放一些幻灯片或小视频（这在 1997 年时是不多见的），让孩子们听原声带。这些引起了孩子们学英语的浓厚兴趣。仅仅个把月，周末我去接女儿回家，她和另一个同学在公共汽车上就直接用英语对话了，令旁边学英语的大学生啧啧称赞！我们也觉得这也太神速了！完全超出我们的想象。

英语老师还建议孩子们抽空背诵《新概念英语》，听原版录音，反复听，跟着念，直到背熟。南南对此颇感兴趣，每天晚上背一篇新概念课文，很快，简单的第一册背下来了。第二册开始有了难度，每篇分成两部分，两天背一课。第三册更难，分成三部分来背。三四年下来，女儿听懂、熟读、背诵了一至三册新概念英语，英语水平突飞猛进，后来成为全班数一数二的好学生：单词根本不用专门去记和背，会读了就会拼写了。随着学习的深入，词汇量一天天积累起来。后来南南大学毕业准备出国留学，要考 TOEFL，考 GRE，她所在的清华大学许多曾经也是全国尖子生的同学，都纷纷去新东方等培训机构强化训练，她没去，说没必要。本来我们还有点担心，但 TOEFL 考试，她居然考了 650 分的高分（当时满分 677）！

这样学英语，听力完全跟着外国标准语音走，避免了学出“洋泾浜”英语，即中国式英语。几年后南南到美国留学，我去参加她的毕业典礼，然后我们一起到美国各地去旅游，凡我们接触到的住宿、餐饮、火车、公交以及旅游景点等的美国人，交

谈后都以为她是ABC（在美国出生的中国人）。就是说，不止一个美国人觉得她讲的不是中国式英语，而是真真正正标准的美国英语！这点真的很难得。因为在国内，即使是那些外国语学校，也多是中国人教学，教出的英语肯定不如人家原版的语音标准。

由此我想，如果当年女儿不是那样学英语，而是如一般学校那样，死记硬背单词、语法，她的英语不知会是什么样子？她TOEFL能考出那么高的分吗？她说的英语能让美国人认可吗？答案几乎是完全否定的。

三、鼓励学生看课外书，培养阅读习惯，潜移默化中学会写作

语文课更值得一提。女儿小学时写作文，完全不知从何入手，写的日记和小作文，差不多是干巴巴的两句话，完全不懂修辞，不会表达，没有更多的话可说。刚开始，少儿班的语文课拉到课外去上，有一次是到天安门广场搞活动，活动完了回来写作文。没想到，这个作文女儿写得有声有色。少儿班还结合自然体育课写作文，让孩子们写自己真实的感受，写自己思想、意志的变化和形成。这样，孩子们有内容可写，写的是自己亲身的体验和感受，不再干巴巴了。

一般学校反对学生读课外书，但少儿班恰恰鼓励学生们多读课外书。语文老师说，少儿班学生高考时比一般学生小四岁，生活阅历方面差许多，如果是数理化生等课程，都可靠聪明来弥补，但作文不行。作文从某种意义上考的是一个人的阅历，这是很难弥补的。怎么办？多读书！所以，刚入学不久，老师就开出了一串长长的书单，文学、历史、哲学、艺术、政治、经济、管理、天文、地理……古今中外，无所不包，什么书都有，有些书我们大人都感觉深奥、枯燥，但老师就是要让学生们读进去。几年下来，女儿读了大量课外书，其中包括《福尔摩斯探案集》《红楼梦》等大部头。至今，南南仍是“红”迷，自己还买了《脂批红楼》来研读，甚至每天利用上下班地铁上的时间来读。阅读早已成为女儿自觉自愿的一种行为，或者说已经成为习惯，融化到血液中。

这一招真的很管用。博览群书的结果是，女儿的知识面大大扩展。与此同时，潜移默化地学到了各种文字的表达方法，各种文章的写作方法。很快，女儿能写出像样的作文了，小小年纪写的文章相当不错。十二三岁时写过一篇《水仙》，通过观察家里养的水仙花，写它的生长演变过程，写它的高洁，写它的芬芳，以及生发的感慨。清新小品，结构紧凑，语言优美，令我们刮目相看！后来她在大学期间，去过云南、西藏，边走边写，写的游记非常非常棒！无论是语法、文句、修辞，还是文章结构、

逻辑思维、历史知识，都让我这个《人民日报》的高级编辑挑不出毛病来。

后来我想，如果不是少儿班鼓励甚至强迫他们读各种各样的书，如果她和普通学生一样考初中、高中、大学，被各种升学压得喘不过气来，哪会有时间读这么多书呢？而且，一般学校的老师也禁止学生读这些“闲书”，作为家长的我们也不敢让她去读。那样，她的知识面还有现在这么宽吗？写作能达到现在这个水平吗？真的很难说。

此外，少儿班的数理化教学，与一般学校灌输抽象的概念、做大量习题的教学法不同，少儿班更注重实验。课堂上许多仪器仪表、瓶瓶罐罐，让孩子们能更加直观、形象地了解所学内容。这里就不展开了。

八中少儿班全称是超常教育实验班。按我们的理解，这个“超常”，应该是超出常规、打破常规之意。30 年来，少儿班的确打破了中国传统教育的一些惯常做法，探索出了一条比较成功的教学改革之路，受到学生和家长的认可。希望少儿班的超常教育方法能够在更大范围推广开来，让更多学生受益。

四、对少儿班的一点建议

今年是少儿班成立 30 周年，因此，我觉得在充分肯定少儿班的前提下，也应该总结一下经验教训。在此想提两点建议。

不必过分强调缩短学制

少儿班从小学四年级招生，四年后考大学，比一般普通学生按部就班考大学提前了整整四年！不知道缩短四年的依据是什么？就我女儿来讲，她是复读了一年才考上清华大学的，第一年虽然也考了较高分数，也可以上一所好大学，但离清华北大等顶级大学还差十来分，有点不甘心。而且在少儿班的最后一两年总觉得时间很赶，是在应付高考。

其实，不光我女儿如此，少七班有好几位学生高考前也“不在状态”，被老师、家长认为迎接高考“比较悬”。老师此前认为前几届也存在过个别这样的现象，但到了高考前就适应了。不过，少七班似乎这样的学生不是一两个，而且一直到高考前都没能“进入状态”。所以，考下来，全班有多名学生成绩不太理想，最后有五六人复读，此前还有三人转到普通班。

我们认为，如果少儿班不过分强调缩短学制，这种情况就不会发生，哪怕延长一年，对学生们也是关键的一年。即使整个学制从四年变成五年，总体上也比普通学生提前三年上大学，也是相当了不起的成绩！因为哪怕只是提前一年也很不容易呢！一年可以学到好多东西呢！何必紧赶慢赶非要他们四年毕业考大学呢（当然不排除有个别孩子在少儿班学了三年就考上北大清华的，那属于绝顶聪明的）。

因为少儿班的办学目的不仅仅是提前四年考上大学，更重要的是要探索一种全新的教学方式，让孩子们真正在快乐教育中得到全面发展。

如果真的局限在四年学制上，可能真的就限制了孩子兴趣爱好的培养，反而影响了他们正常的发展、全面的发展。女儿毕业那年还不到 15 岁，许多方面尚未成型，兴趣爱好还在培养当中，所以，填报高考志愿时相当纠结，不知道学什么专业好。后来实在拿不定主意，只好请教老师。老师建议先学数学，说这是理工科的基础学科，学好了读研时再转其他。第一年女儿第一志愿的确报考的是数学专业，但考虑再三，不是理想大学，没去上，复读了一年。仅仅就在这一年，她就找到了自己的兴趣爱好——建筑设计，并且坚定地说要学这个专业。所以，对于孩子来说，一年的时间是非常重要的，非常宝贵的，也是相当关键的。

其实，南南复读了一年，而其本科清华大学建筑系又多上一年，因此实际上，她大学毕业时比一般普通学生只提前了两年。这两年，在她漫长的一生中可能不算什么，相比之下，还是综合素质的培养更加重要。

（后来听说，从 2014 年开始，少儿班已改成五年制了，很欣慰。）

少儿班应该强调教育理念和方法，并加以推广

这才是其最大成就；不应为了应试而改变初衷，去“就和”应试教育，走向实验班的反面。

少儿班作为实验班，本来是探索快乐教育，培养学生全面发展，让他们不要为了应试而学习。前两三年，少儿班的确是这么做的，正如前面介绍的各个科目的好的教学方法。但后一两年，为了应付高考，我们明显感觉到学校对学生的要求变了，一是回到课本，回到普通教学法；二是那些好玩有趣的课停止了（当然自然体育课还是坚持的，这让我们感到欣慰）；三是作业多了起来。一切围绕高考，一切为了应对考试，感觉与一般学校并无二致。学生感受到了很大的学习压力，快乐教育渐行渐远。

当然，少儿班也受到升学的影响，也有升学压力。其实，我觉得少儿班应该坚持自己的教学理念，学校也不要把升学率作为唯一衡量标准，而应放眼长远，追踪研究几十年后学生们的发展状况。少儿班作为实验班，必须牢牢高擎快乐教育、全面发展这杆大旗，否则就违背了创办的初衷。而且，少儿班甚至八中还应该把少儿班的经验加以推广，至少在八中能全面推开，而不仅仅是多给八中贡献考上北大、清华的名额。否则，人家会问，你说你的教学办法好，为什么不能在自己学校推广呢？

当然，在当前应试教育下，学校也不能独善其身，八中可能也有很多苦衷，也是迫不得已。但是我想，当下教育改革正在进行，学校能不能在这方面更加果敢一些，真正让快乐教育、全面发展的理念得到更大范围的推广，让超常教育真正成为普通教育，使超常教育具有普遍意义？这样，少儿班这块金字招牌才会更加响亮。

也许，这正是少儿班30周年所真正应该思考的问题。

我对少儿班的一些认识

苏荣辉

我的孩子

1997~2001 年北京八中少 7 班学生
2001 年考入北京大学
（本文写于 2015 年）

题记：这个世界是多样的，适龄孩子的教育也应当是多样的。正常的教育是落在适龄孩子智力正态分布曲线的大部分区域，而正态分布曲线的两头开展一些特殊教育、做一些探索为什么就不行呢？

北京八中“少儿班”的全称是“北京八中‘中学超常教育实验班’”，自从 1985 年开始招生以来，至 2014 年的 30 年中已经招收了 21 届（1985—2003 年每两年一届，之后每一年一届）。少儿班的学制在招生简章中规定得很明确，即“用五年左右时间，完成小学五、六年级和初、高中全部学业，之后参加全国统一高考。”这种教育合理吗？

我的孩子 1997 年考入第七届的八中“少儿班”（简称“少七班”），当时也是本着参与的心态来报名的。记得那时小学比较优秀、对数学有兴趣的孩子都会被推荐参加人大附中主办的“华罗庚数学学校”（简称“华校”）考试。因此，一帮相互比较熟悉的孩子上完华校后，总是会在人大附中的操场上一起玩足球。由于上课时间是周末，家长经常全程陪同。当时我们其中一位学生家长带来一个消息说八中少儿班在招生，大家一合计说我们一起去报名，反正考不上也就损失点报名费，对孩子来说也是一次检验。我们这拨孩子大部分都通过了初试，复试后只剩两名进入试读，可最终只有我孩子被录取成为“少七班”的一员。当这个消息在我周围朋友传开时，除了听到惊讶的声音外，还同时听到许多诸如“你们也太残忍了吧，让孩子用八年的时间完成12年的课程”，“你们这纯粹是揠苗助长，不可取”，“就算我的孩子能考上，我才不会让他（她）去上”等等。是这样的吗？

作为一个少儿班学生家长的过来人，我来谈谈自己的看法。

一、关于“8年学12年的课程”

乍一看是这么回事，但仔细想想只是八年学了九年的课程。那减少三年在哪里呢？

小学学制的六年中，至少可以减少一年，原因是北京市不仅有五年制的课本，还有五年制的试验班，对于这些能考上少儿班的学生，没有必要在小学浪费这一年的时间；在初中阶段，为了准备中考，大部分学校用两年时间上完课程，最后一年用来准备中考。就为了多挣一分半分，做不完的卷子、堆积如山的参考书、上不完的补习班，我周围朋友的孩子都是如此，经常晚上11点以后睡觉。我看到这些孩子面黄肌瘦、目光无神，让应试考试给折腾的，很可怜的，作为家长的你们于心何忍，愿意这样被“残忍”？高中阶段与初中阶段差不多，只是为了高考这个独木桥（当时有句话“千军万马过独木桥”），最后一年也是用来准备高考的。这样小学、初中、高中各可以减少一年，在12年制的教育中，其实有效的学习时间只有九年。当我把这些一分析，提出疑问的朋友就不说话了。

二、关于“揠苗助长”

对于那些能考上八中少儿班的孩子，我认为不是“揠苗助长”。给一个数据：“据调查，北京八中少儿班学生的各项生理和体能指标均超过北京市和日本的同龄儿童的平均指标。毕业生全部升入大学，96.8%升入重点大学。”（来自：卢磊《北京八中少儿班的启示》）。抛开孩子省下来的四年不说，这样的成绩全国有多少中学的班级能达到？八中少儿班只是一种因材施教的实验，就是探索一个对于那些适合快速教育孩子的知识学习之路。少儿班在挑选学生时相当慎重，通过初试、复试（含脑神经类型测试）和试读（含体检）三个阶段考察不同能力，那些认知速度快、自我约束能力强、对新知识渴求的学生，才更可能进入少儿班。记得每个阶段没进入下一轮的孩子都会得到一张小纸条，有考试的成绩和一两行的评语（记得是孩子的类型和对未来合适职业的建议），而上少儿班的同学至今没有告诉他们各个阶段的成绩，因为可能要跟踪考察数十年甚至一辈子。我们不否认有些“大智若愚”的学生，也不反对给他们也办一个特殊班。八中少儿班的教学并不是按部就班简单分初中、高中知识，也不一定是从易到难分，而是每门课尽量将初高中的知识融合起来教，比如（以少七班为例）数学讲到平面几何时就把立体几何融在一起讲；物理讲力的时候也会把电磁力等融在一起讲；英语则是从音标开始学起，使得学生见到单词就可以准确读出来；语文则是鼓励孩子大量阅读名著、古籍，开阔学生的视野，达到触类旁通。这样八年学九年的知识完全没有问题。

2003 年以后八中的超常教育改成一年招一个班，再后来增加了素质班，采取“加速式和充实式”来缓解各方面的压力。

三、关于“我才不让他（她）去上”

这种父母看起来是在为孩子着想，其实是把孩子当成是自己的财产。殊不知，在你做出这个决定时，你已经将本来孩子应当有的上少儿班的权利（哪怕是万分之一）扼杀在你武断的决定中。至于“即使孩子考上了，我也不让他（她）去上”的说辞只是一种臆想，首先你应当让孩子去考，等考上了你才能有资格说这句话，才能决定让孩子去不去上。我当时对我的一个同事提出这个问题就是这么回答的。到目前为止，我自己还没有看到考上八中少儿班不去上的。

四、关于“神童班”

把少儿班称为“神童班”是那些媒体为了吸引眼球的称谓，是一种情结，既是社会的情结，也是父母的情结。在搜狐的第 236 期今日话题，把“神童班：天才之路或揠苗助长”作为一个话题来讨论，并设了正方和反方意见选登。首先，把“少儿班”等同于“神童班”就很不贴切，所谓“神童”是因为超出你的预料，你觉得“神”了，是你自己个人的感觉，而少儿班选择学生绝对不是一个“神”字就能包括的；其二，把选择“少儿班”的快速认知教育等同于走上“天才之路”，那就更大错特错了，殊不知人生的事业成功与否，情商（EQ）占 80%以上；其三，适合少儿班快速教育的孩子，绝不是“揠苗助长”，而是“因材施教”，而不适合快速教育的孩子进入少儿班才是“揠苗助长”。事实上，不管孩子是快速认知型，还是“大智若愚”型，就其个体的教育都是不可复制的。关键是父母应当对自己的孩子有信心，应当让孩子自己与自己比，每天有进步就可以了，不要去横向比，更不要互相攀比，否则会很打击孩子的自信心。如果父母经常对孩子说，你看你们班的某某为什么老是成绩比你好，久而久之这个孩子就会认为反正我也不如他（她），最终失去进取动力。

五、关于“成才”

有人说，“上少儿班的也没有看到几个成才的”。我个人认为这个问题要分两个方面来回答，一是“什么样的人是人才?”二是“成为什么样的人才叫成才?”当今的社会中，各行各业的优秀者都是“人才”，而所谓“成才”就是成为各行各业中的优秀者。我个人认为的“成才”就是一个人在走入社会时，不管他（她）从事什么职业，能在自己所从事的工作领域中游刃有余地处理所碰到的问题，就是这个领域的人才。少儿班的孩子能力都很强，在他们的人生道上有很多、且很好的机会，因此他们不一定非要上到博士，在大学毕业或研究生毕业时就可以找到很好的工作，过上很好的生活，在各自领域中发挥重要作用，我就认为他们就“成才”了。

六、关于家有“少儿班”孩子的家长要注意的问题

是不是“少儿班”的孩子一点问题没有，答案当然是否定的，任何一件事都有它的利弊，只是程度不同而已。作为“少儿班”孩子的家长应当注意哪些事情呢?

第一要注意的是，帮助孩子不要“心气儿”过高。

这些孩子进入“少儿班”都是精挑细选的，有一种特殊的优越感，心气儿很高。这种状态大部分都是环境造成的，比如媒体报道就把他们叫“神童”，父母周围的亲戚朋友也叫他们“神童”，加上大家硬加在他们身上的“上了少儿班就是奔着北大清华去”的明示暗示，造成了这些孩子过高的期望值，总觉得没有考上北大清华就等于失败。而“少儿班”入学时承诺的是考上全国重点大学，并没有承诺考上北大、清华。

第二要注意的是，帮助孩子提前关注自己的心理健康。

少儿班的同学参加的全国统一高考，进入大学学习要和普通高中考到大学的同学相处，也就是天天要和比自己大三四岁的大哥哥大姐姐一起学习、一起生活四年。这些大哥哥大姐姐在高中阶段的受管制束缚到了大学完全放开，有些人因此把谈恋爱、打游戏、逃课等作为大学生活的主要内容，这些将会影响少儿班孩子的判断。因此家长要在少儿班后期经常和自己的孩子多沟通交流，培养正确的“恋爱观”，在心理上

做好面对这种状态的准备，提前打好预防针。

第三要注意的是，帮助孩子更加具有独立生活的能力。

八中少儿班的孩子入学时基本在 10 岁左右，自理能力不足是现实存在的。在少儿班的四年里，学习事实上并没有那么紧张，也没有中考的压力，因此家长不仅要关心孩子的学习能力，也要争取在上大学前培养孩子的生活自理能力，以应对大学期间的各种挑战。

第四要注意的是，给予孩子更多的成长空间。

少儿班的孩子在进入大学时只有 14 岁左右，世界观还没有形成，很容易被环境所影响。特别是在北大、清华这种全国最好的大学，那些正常考入的学生大都是本地区的状元、榜眼、探花，他们中一些人具有超前学习的情况，所以在大学一年级，即使用平时不学习、期末突击复习的方式也能顺利通过课程考试。而我们的孩子在少儿班时并没有超前学习，和他们生活在一起，免不了也玩游戏、逃课、谈恋爱等等，造成成绩偏低，甚至是挂科等情况时，家长应当给予更多的宽容和理解，以正面方式加以帮助，让他（她）尽快度过这些坎。家长应当把这些坎当作孩子人生中要面对的，碰壁了、摔跤了对他们的未来有好处，因为在他们过去的成长都是一帆风顺的，早晚都要过这些沟沟坎坎，现在过这些坎，他们就会积累经验，就会吃一堑长一智，就会成熟起来。家长要清楚，我们的孩子比别人多出四年时间可以“任性”哟。

八中少儿班不仅培养学生的独立学习和生活能力而且关心和重视学生的身心的健康成长。少儿班（少 7 班）的四年是素质教育的四年，是学生健康成长的四年，他们在老师的精心教导下学会了做人、做事。给我们家长留下最深刻的印象是少儿班课程安排的科学合理、老师的敬业负责和全程的素质教育。数、理、化、史、地、生的学习就是以学懂知识为标准，将考试作为考查学生掌握知识的尺子，尽量使每次考试结果拉开档次、形成正态分布，有时候还出现三分之一不及格；英语学习课堂生动活泼，以音标教学入手确立了标准发音的基础，组织和鼓励学生与来访外国专家交流、与国外同龄小朋友建立通信伙伴关系拓展了语言特别是口语沟通的空间；语文本是他们的最弱项，但通过鼓励孩子大量阅读国内外名著、古籍，丰富了知识面，提高了阅读能力，开阔了视野，达到了触类旁通；体育课更是别出心裁，环玉渊潭湖跑、登香山鬼见愁、烈日下的极限健步走、冬天室内游泳训练、滑冰等等，活动精心组织、安排内容丰富；自然课则是以亲身体验为目的，如山西贫困农村的实地体验、亮马河畔捡垃圾的国际环境保护日体验、山海关自行车千里行的体验等；少儿班的班主任更是兢兢业业、任劳任怨，建立了与家长点对点的联系，经常把孩子在学校的学习和生活的表现与家长沟通，保障孩子的健康成长。这些画面历历在目，每一幅画都是少儿班老师心血凝汇的作品，是少儿班学生成长的见证。这些经历不仅是少儿班学生一生的宝贵的财富，也是家长们和老师与学生共同成长的美好印记，至今大部分家长和老师还保持着密切的联系。

这个世界是多样的，适龄孩子的教育也应当是多样的。正常的教育是落在适龄孩子智力正态分布曲线的大部分区域，而正态分布曲线的两头开展一些特殊教育、做一些探索为什么就不行呢？北京八中少儿班开办以来已经积累了 30 年的经验，探索了快速教育的许许多多科学、高效、实用的方法和模式，不仅培养了一批在社会中有很强竞争力的人才［如少一班获得美国青年科学家总统奖（PECASE）的陈曦］，也在国际的“超常教育实验”领域产生了重要影响。假以时日（现在第一批少儿班的学生最大年龄才 40 岁），我们会看到少儿班培养出来的学生在中国和国际社会中发挥更重要的作用。让我感动的是在我接触八中少儿班的四年中（少七班，1997—2001 年），我看到的是少儿班踏踏实实在落实素质教育和因材施教，更多地看到了北京八中的领导和老师的耐心、热情、负责、敬业。值此少儿班的“而立”之年，衷心祝愿她越办越好！成为北京乃至全国的中学素质教育、因材施教的榜样，推动全国的中等教育水平的提高。

从孩子的成长历程看八中少儿班的超常教育

瑞　春

我的孩子

2001~2003 年北京八中少 9 班学生
2005 年考入英国牛津大学
（本文写于 2015 年）

题记：在这里，我不由得想起在孩子成长过程中起了关键作用的八中少儿班的超常教育。这种区别于中国目前实行的常规教育体系的教育方式赋予了我孩子在常规教育体系下难以得到的东西：自学能力、创新思维、团队精神、自控能力和健康的体魄等。

再过几天就到了孩子博士论文答辩的日子，看着孩子由一个懵懂无知的儿童健康的成长为一名对社会有用之材，作为一名学生家长，真是感慨万分。在这里，我不由得想起在孩子成长过程中起了关键作用的八中少儿班的超前教育。这种区别于中国目前实行的常规教育体系的教育方式赋予了我孩子在常规教育体系下难以得到的东西：自学能力、创新思维、团队精神、自控能力和健康的体魄等。

我们的孩子是一个求知欲极强，喜欢挑战和思维活跃的孩子，其特点是可以在听课的同时手里还在干其他的事情。我还记得孩子在中关村一小上学时，因为“不注意听讲”和“干扰其他孩子听课”没少受老师的批评。但是，最让老师看重的是尽管他“不注意听讲”和“贪玩”，但每次考试测验总是班里的前几名。同时，我们也观察到老师教的知识已经远远满足不了孩子的求知需求。作为家长我们深深为此感到忧虑，感到如果在这样的教学体系下按部就班的学下去，孩子的智力和接受知识的能力会受到挫伤，很不利于孩子身心健康发展。

我们是在一个偶然的机会中得到了北京八中有个少儿班，打破常规的教育体系进行超常教育的信息。抱着试一试的态度，在达到规定年龄10岁的时候，我们让孩子参加了应届招生考试并有幸被录取。

孩子自从上了八中少儿班后，我们注意到孩子有了很大的改变。最大的变化是孩子不用再无休无止的写没完没了的家庭作业了，孩子在放学后有了大块时间用于其他方面，特别是他可以有时间来阅读他所喜欢的科幻书籍和知识性读物了。另一方面，孩子的体魄得到了增强，少儿班每周有两个下午时间用来体育活动，这对我们家长来说，刚开始真是觉得不可思议：课程由8年压缩到4年、晚上没有多余的家庭作业、每周有两个下午体育活动……。少儿班这样的教育模式真能考上中国的大学吗？要知道中国的大学考试面向的是中国应试教育体系下成长起来的孩子呀！

实际上我们家长的担心真是多余的，经过4年的超常教育，孩子所在的少9班30多个孩子，大部分考上了清华、北大，其余的全部上了其他重点大学。实践证明八中少儿班的超常教育由于其因材施教、启发式讲课、自学能力的培养和快乐教学法等独特的教育方式，让孩子们由被动的学习变为主动的学习，极大地发挥了孩子们学习的主观能动性，迸发出无限的学习和吸收知识的活力。

好了，再回过头来谈谈我们的孩子吧。

在孩子上八中少儿班两年后，由于我们被单位派往海外工作，孩子不得不中断在八中少儿班的学习随我们来到英国。为了连续上国内已经取得的教育成果，经测评，我们决定让孩子上 A-LEVER（相当于中国的高二水平），让一个12岁的孩子能上英国的 A-LEVER，我们确实费了很大周折。最终，感谢一位伦敦有包容性的校长，这所伦敦为低收入家庭提供教育的学校接受了我们的孩子。

要知道，英国学校的教学体制注重实践与实用，课程设置与国内大不相同。但是，我孩子在这所学校提供的平台上，利用在八中少儿班所掌握的自学能力、独立的思维方式和所学得的知识继续他的学业。在接下来两年时间里，很快适应了当地的教育体系和课程设置，经过努力以优异的成绩通过了 A-LEVER 考试被牛津大学录取。

回顾孩子受教育的整个历程，我们深刻体会到了八中少儿超常教育带给孩子们的不仅仅是缩短了学制，发掘了孩子们的智力，更重要的是培养了这些孩子们自学能力、创新能力、独立思考能力和团队合作精神。少儿班的超常教育并不以培养出一个或几个顶尖知名人士为满足，而是要让受过少儿班超常教育的孩子们整体水平全面提升，造就一批社会栋梁之材，这比培养一两个知名人士更有意义。

在此，我们作为少儿班一名孩子的家长，衷心感谢八中为少儿班呕心沥血的老师们和八中的各级领导。没有这些为少儿班的教育全身心投入的老师们的辛勤耕耘和领导们的鼎力支持，就没有今天的累累硕果。

最后衷心祝愿北京八中少儿班越办越好，不断为各高校输送高质量的学生、为我国未来各项事业提供更多的适用人才。

怀念与感恩

周 欣

我的孩子

2001~2005 年北京八中少 9 班学生
2005 年考入北京大学
（本文写于 2015 年）

题记：我们家离学校比较远，孩子每天早上 6：20 起床，作业一般在 20：00 之前就做完了，21：30 之前睡觉，很有规律，保证每天八小时以上的睡眠时间。即使在高考期间也不会超过 22：00。孩子在学校还参加很多活动，航模、机器人小组等，课余时间有很多事可做，能力和素质得到了提高。

孩子从少儿班毕业近十年了，他在八中少儿班学习的四年经历是我们夫妻俩经常谈论的话题，有付出和收获、有经验和教训，但更多的是孩子、少儿班老师和学生家长们的趣事。自孩子报考少儿班以来，期望与疑惑、喜悦与担心、平静与宽慰、怀念与感恩，我们的心情随着孩子的成长而变化。

2001 年春天，我们怀着期望与疑惑的心情，送孩子报考了八中少儿班。四十分之一的概率，我们期望孩子能考上，因为他经常说无事可做，不满足于按部就班上学。同时，我们也有很多疑惑，八中少儿班是如何办学的？八年学业四年完成孩子能适应吗？

经过两轮的考试和试读，孩子终于接到了八中少儿班的入学通知书，在有短暂的喜悦、兴奋、自豪感后，更多的是担心和责任感。担心孩子不适应、跟不上少儿班的快节奏，担心孩子会累着。孩子的童年应该是快乐的，选择少儿班，如果不能给他带来快乐，甚至做了揠苗助长的“蠢事”，家长有重大的责任。在孩子刚上少儿班的日子，我们的心情很复杂，也很操心，经常利用接送孩子的机会与家长们交流“情报”，不断找机会向老师了解情况。

少儿班每月一次家长会及时交流和通报孩子在学校的情况，看着孩子很快就适应了少儿班的教学方法和节奏，学习上也没有困难，每天高高兴兴的样子，我们的心情也逐渐趋于平静与宽慰。

我们家离学校比较远，孩子每天早上6：20起床，6：40离家打车去学校，下午放学后坐地铁回家，作业一般在晚上20：00之前就做完了，21：30之前睡觉，很有规律，即使在高考期间也不会超过22：00，保证每天八小时以上的睡眠时间。孩子在学校也参加很多活动，航模小组、机器人小组等，课余时间有很多事可做，能力和素质也得到了提高。在教学上老师们因材施教，注重培养创造思维和自学能力，教学节奏与孩子们的接受能力相适应。放学前到操场跑圈、多种多样的体育课、周五下午自然体育课，以及丰富的课间活动，锻炼了孩子的体能。这是少儿班的特色，也满足了孩子们的需求，使他们终身受益。记得在2003年“非典”期间，我们每天骑两小时自行车上下学（第一次从家到学校骑了75分钟），孩子照样每天高高兴兴，学习也没有受影响。陪孩子骑自行车上下学的过程中，我们仿佛明白了孩子的真正需求，体会到孩子长大了。

2005年，孩子完成了少儿班的四年学业，考上北京大学，读完本科和博士，2014年7月参加工作。离开八中后，每年腊月二十八孩子都要回母校，参加工作的第一年还专门请了一天假，这是他参加工作后的首次请假。

少儿班四年，留给孩子和我们太多的记忆和怀念，怀念带来快乐的时光，怀念与孩子共同成长的经历，怀念少儿班老师对孩子的关爱。

当年的少儿，十年后的小伙子，每天看着他快快乐乐上班、高高兴兴回家，感恩之情由然而生，感谢少儿班给了孩子一次选择的机会，感谢老师们的辛勤与付出。

少儿班印象

方　晓

我的孩子

2001~2005 年北京八中少 9 班学生
2005 年考入北京邮电大学
（本文写于 2015 年）

题记：短暂的四年少儿班学习，在老师和家长眼里有说不完的故事，总之有几点印象：首先，各科的老师都是非常优秀的，而且在 30 年里他们总结了一套完整而且又适合少儿班学习的不可多得的经验与方法，为我国乃至世界上培养一批又一批出类拔萃的人才。

当我们的孩子于 2001 年 7 月 24 日接到北京八中少儿班正式录取通知书时，作为家长，我们既自豪又担忧，自豪的是孩子考上八中少儿班，证明以前对他的培养是成功的，证明了孩子是同龄中的佼佼者。但担忧的是少儿班用四年时间完成小学两年、中学六年的学习，孩子能不能胜任？学业会不会十分繁重？同时也有点好奇，少儿班的老师们，到底使用何种魔法能让这帮孩子接受这么多复杂的中学知识？

在开学不久的一次家长会上，赵大恒老师说少儿班的培养目标就是培养 21 世纪在世界上具有竞争力的人才。每位家长听后都很振奋并且充满自信和力量，学校的领导和老师对家长也提出了很高的要求。孩子们在这种环境下有了自己远大的目标，在快乐中学习，快乐中成长，比如，每学期的班长和干部都要改选，学生还可毛遂自荐，尽量让每个孩子在公平的环境中锻炼他们的能力，而且也给了他们自信和担当。

让我们不可思议的是，孩子的作业并不是很多，体育课比别的学校还要多，另外还增加了自然体育课，长途步行、玉渊潭环湖跑、滑旱冰等，锻炼了孩子们的毅力和耐力。特别惊讶的是，学习高台跳水，从三米到五米跳台，学生从适应到最后挑战冲刺八米跳台。我在场，亲眼看见了我的孩子第一次跳下去时，屁股上拍上了深深的红印，尽管比不上运动员的标准动作，但敢跳的勇气让我们佩服。

经过八中四年紧张有序地学习，孩子们的自学能力提高很快，无论是在假期还是在课堂上，老师都是让学生们先自学。一次放学回家，方晓跟我说，今天数学课，张老师出了一道很难解的数学题，同学们考虑了良久，最后都陆续解出来了，而且还出来了多种解法，他也解出了好几种方法，兴奋之情溢于言表。孩子们经过努力，解决了一道道难题，犹如攀登珠峰的登顶过程，途中尽管险象环生，却一一踩在脚下。在解题的过程中收获了成功，收获了喜悦，更收获了自信。从而对数学产生了浓厚的兴趣。上大学后，有一次他跟我说，有一道题很难，全班都束手无策。但他从概念理解入手，终于解决了这道难题，同学们对他的解题技巧深感佩服。这种解题逻辑估计与八中少儿班的思维与逻辑培养密不可分。

少儿班的授课方式灵活多样，深受孩子们的喜爱。如英语老师把孩子聪明活泼、记忆力强的优势发挥到极致。少儿班的孩子年龄小，记忆力强，英语老师让他们在完成作业的情况下，坚持背诵英语新概念，谁背好了，同学主动去找老师背诵，并不是被动的，而且老师牺牲了自己的时间，只要老师在学校，同学可以随时找老师，这种敬业精神让家长深感佩服。

最让我们家长担心的是物理和化学课。特别是物理，第二年才开课，初中高中的物理就二年多时间，学生能掌握吗！面对家长的担忧，赵老师胸有成竹，让家长不必过分担忧。赵老师非常巧妙，跳过初中物理，直接上高中物理，只是对涉及的相关初中概念加强一下，就能让同学们在这么短时间内掌握全部中学物理知识。

刚开始我的孩子对化学课很不适应，每次考试成绩总只有60来分，还有几次不及格，为此我们很着急，在家长会上咨询戚老师。戚老师说，化学和物理不一样，跟英语、生物更接近些，需要一些背的东西，基本概念、反应式是需要记的。我们回去跟孩子一说，他也顿悟了，后来很快，他的化学成绩就上去了。

八中短短的四年学习生活，无论是在学习上，还是在社会实践中都锻炼了孩子们的独立思考能力，开阔视野增长了见识，老师亲自带队参观九泉卫星发射基地，让孩子们从小就接触我国高科技领域，孩子们对此既感兴趣又兴奋，在他们年幼的心灵埋下了要为祖国繁荣富强而努力学习的种子。少儿班的各种活动学生都能认真完成，记得老师布置的社会实践课，报告内容是北京交通问题，他们几个同学在复兴门桥进行社会调查，学生们把课题内容和答卷设计好，刚开始路人看孩子们比较小，对他们不信任，也不愿搭理他们。但孩子们就想办法，通过两天的努力，他们学会了观察人的能力，以及与人打交道的能力，知道用什么样的语气与人接触，并且能够完成答卷，暂且不说孩子们的课题完成的如何，但确实培养孩子们观察、分析、人际交往等能力。

同样，在军训活动时，也是让我们家长刮目相看，无论是方阵列队还是表演比赛，一招一式都非常认真，现在的独生子女没有吃过苦，也没受过累，是难得的锻炼机会。家长们在参观了孩子的宿舍时，床上整齐的被子一目了然，毛巾水杯放的位置井井有条，处处感觉他们巨大的变化。更有趣的是，有同学为了晨操不能掉队，竟然晚上不脱衣服睡觉，多么天真又可爱的孩子啊！这也只有少儿班的孩子能想得出来。军训时间虽然很短，却确实锻炼了孩子们的意志，包括学生们野外拓展训练，增强了学生的自信心，并且磨炼了耐力、自制力、团队的合作精神等等。

我的孩子还参加了机器人的活动，当时我们都不赞成他参加，因为考虑到学习时间本来就很宝贵，课外活动多，会影响学习，但孩子却很感兴趣，非要坚持参加。一次家长会，老师介绍了机器人兴趣小组的情况，王老师说区里和学校对机器人小组非常支持，无论是资金还是设备都是很先进的，对孩子们来说既锻炼动手能力还锻炼了他们的思维。老师的一番话让我们豁然开朗，确实有道理，功夫不负有心人。我的孩子也是非常下功夫的，在不影响学习的前提下，业余生活更加充实了，并且在北京市机器人大赛中获团体一等奖。

其次，北京八中少儿班在选拔人才上也是独具慧眼，用科学的方法及匹配测试，还有决定孩子能否有成就跟社会环境、家庭环境、个人习惯等综合考虑，所以达到了最优选择。第三，自然体育与课后长跑，锻炼了孩子们克服困难的能力，通过体育锻炼，促进大脑更快发育，协调发展，达到互促互进、事半功倍的效果。

在北京八中少儿班成立30周年之际，作为家长，我们十分感谢少儿班的老师们，正是因为你们的努力，你们的无私奉献，才让八中少儿班成为孩子们心中的圣殿，无论走到哪里，在八中少儿班的经历，将是他们今后永远的精神支柱与信心源泉，也是他们受益终生的财富。衷心祝愿少儿班越办越好，为祖国培养更多的栋梁！

再次，谢谢老师们！

从孩子的成长看少儿班教育

李春莉

我的孩子

2001～2005 年北京八中少 9 班学生
2005 年考入北京大学
（本文写于 2015 年）

题记：回顾儿子的成长历程，庆幸他在成长过程最关键的时候，接受了少儿班四年的优质教育。短短的四年，对他终生的学习和成长都有着非凡的意义。

今年是北京八中少儿班建立 30 周年。30 年来，少儿班的毕业生们大多毕业于国内外著名大学，有的已成为各行各业精英，有的还在继续攻读学位。我的儿子，有幸成为这些孩子中的一员。

回顾儿子的成长历程，庆幸他在成长过程最关键的时候，接受了少儿班四年的优质教育。短短的四年，对他终生的学习和成长都有着非凡的意义。下面结合儿子的成长经历，结合几年来对我国教育的所思所想，谈一点对少儿班教育理念的理解和体会。

一、儿子的成长经历

2001 年，我的儿子成为少 9 班学生中的一员。从入学时那个懵懂的小孩子，到少儿班毕业时高大阳光的小伙子，儿子在少儿班这个大家庭中，度过了人生中最精彩，也最难忘的四年时光。

少儿班的孩子，上大学以后，不但没有输给大他们三四岁的同学，反而成绩优秀，后劲十足。以我的儿子为例，在北京大学数学科学学院四年的学习期间，学习成绩排列前十，多次获得叔频奖学金和北京大学“五四”奖学金。期间，担任过班长，去美国哥伦比亚大学暑期进修，当选北京奥运会优秀志愿者。毕业时被评为优秀毕业生。2009 年以全额奖学金考入美国杜克大学攻读应用数学博士。2014 年博士毕业时年不到 24 岁，进入芝加哥一家顶级量化交易公司从事金融工作。

二、少儿班教育的理念

教育心理学家研究发现，儿童从出生到成熟（0~18 岁）要经历六个关键的转折时期。女孩在十一二岁，男孩在十三四岁，正好处在第五个关键转折期的关键阶段，是向青春期迈进的年龄。他们开始从心理上摆脱对家长的依赖，不再言听计从，而是坚持自己独立的观点，即使对于正确的建议，他们也会有逆反心理。

记得我的儿子进入少儿班第三年，正处于叛逆期，因为不想背诵《新概念英语》和英语老师理论；因为高考复习理念不同，和任课老师据理力争……然而，就是这些处于“叛逆期”的孩子，在八中少儿班先进教育思想的指引以及老师辛勤教育下，四年过后，全班 29 名同学中，90%以上考入重点大学，其中和我的儿子同时考入北大清华的同学，竟有 13 人之多。那一年，他们只有十四五岁。

一段时间以来，我翻阅了大量教育方面的书籍和资料，非常认可一个观点：最好的教育应该是——唤醒孩子生命内力的觉醒。《中国大趋势》的作者约翰·奈斯比特也曾经说过，教育的本质不是把篮子装满，而是把灯点亮。

据心理学家研究，每个人的身体里都有两股力量，一个是我们表面上看得到的肢体力量，叫作生命外力；一个是我们表面上看不到的心理力量，叫作生命内力。人的肢体力量显然是弱小的，而人的心理力量一旦被唤醒，则是巨大无限的，无坚不摧，势不可挡。人的一生强大与否、成功与否、幸福与否、快乐与否，不取决于他的肢体力量，也不主要取决于他的知识力量，而主要取决于他的心理力量。

我认为，少儿班的教育理念，基本上与以上先进的思想是契合的。比如，少儿班每周一次的“自然体育课”，就是素质教育的独特体现。不仅健身强体，培养了协作精神，而且焕发了每个孩子生命内力的觉醒。

少儿班的老师，数学张老师、化学戚老师、物理赵老师、语文徐老师和刘老师等等，在给孩子们教授知识的同时，更多的是培养他们自主学习的理念和能力，培育他们对国家和社会的担当和思考。班主任王宁老师在班级管理方面，积极地调动了孩子们的自主性和参与性。

少儿班每月一次的家长会，也是少儿班独有的特色之一。通过老师和家长的不间断沟通，随时了解孩子的思想动态，及时督促和纠正孩子的学习和生活状态，使学校、老师和家长形成合力。经过四年的相识相知，不仅少儿班的孩子，形成了一个遍及世界各地的精英群体，就连少儿班的家长们，也成了一辈子的朋友和知音。

三、对中学教育的粗浅思考

近年来，网络上一篇“质疑北京十一学校模式”的文章，着实让教育改革的话题又热闹了起来。北京十一中校长李希贵，推出了一个新的教育理念：“取消班主任、取消班级、缩小班级规模、师生平等，等等。其改革的实质就是放弃苏式教育，回到约翰·杜威（John Dewey，近代美国教育思想家、实用主义哲学家，对美国及世界教育思想与实施，有深远的影响及无与伦比的贡献）的美式课堂。”

研究表明，约翰·杜威对于美国的教育的影响是开创性的。今天的美国从儿童教育到高等教育和职业教育、社区学院，几乎不可能排除其思想的存在。包括今天在中国被媒体广泛宣传的：小班制、实验室进课堂、走班制、选课制、学生为主体、重视教师、师生平等等等，几乎都是美国基础教育的翻版。如此说来，八中少儿班的教育模式和教学理念，也不例外。

那么，什么是真正的教育？德国200年前的教育宣言曾经如此说道：“教育的目的，不是培养人们适应传统的世界，不是着眼于实用性的知识和技能，而要去唤醒学生的力量，培养他们自我学习的主动性、抽象的归纳力和理解力，以便使他们在目前无法预料的种种未来局势中，自我做出有意义的选择。教育是以人为最高的目的，接受教育是人的最高价值的体现。”

从目前中国的中学教育来说，我认可一种理念：中国教育的出路在于“还原教育的复杂性”。教育不需要创新，而是需要常识和良知。教育改革每一步都是艰难的，都是值得称颂的。但各种模式能否推广、是否需要推广、需要何种方式的推广，不仅需要好好研究和论证，更需要积极探索和广泛的经验积累。

从这个意义上说，北京八中少儿班教育模式的有效实施，不仅为中国的中学教育提供了成功的教学经验和丰硕成果，更重要的是，数百位事业有成的少儿班同学成为当代优秀青年的成功范例。八中少儿班成功的办学理念和实践探索，不仅不应质疑和否定，相反，应该积极支持和肯定。八中少儿班素质教育之路应该坚定不移地走下去。

倾注心血　正确导向

许　璐

我的孩子

2003~2007 年北京八中少 10 班学生
2007 年考入北京大学
（本文写于 2015 年）

题记：没有成堆的作业，未见海量的习题，老师们不仅高效率、高质量地给予学生们知识，更让他们快捷地养成了良好的学习习惯、掌握正确的学习方法，谆谆教诲他们成为全面发展、特长明显、有竞争力的优秀人才。

斗转星移，日月如梭。转瞬间女儿梦梦已经一路顺利过关斩将，幸运地从北京小学、北京八中少儿班、北京大学毕业之后，获得综排、专排都名列前茅的美国芝加哥大学的全额奖学金，正在遥远的大洋彼岸攻读博士学位，回顾女儿的成长历程，尤其是在少儿班的难忘经历，感触万千……

作为父母和家人，我们始终将培养教育女儿具有良好的道德品质、努力对其进行早期智力开发、积极锻炼孩子的体质体能，作为义不容辞的天职。尤其是曾做过若干年教育工作者的外祖母和父亲，为女儿的健康成长倾注了大量的心血，潜心琢磨，博采众长，因材施教。

我们培育女儿恪守的原则是，对孩子充满爱心，不盲目攀比，不跟风而上，适合即为最好，鼓励帮助孩子建立学习、生活的自信心。女儿三岁半进入寄宿制特级特类幼儿园，锻炼其自理能力，养成了生活规律、从不挑食，适应群体的良好习惯；五岁开始学习游泳、绘画与书法，动静结合，显著增强其身体素质和形象思维能力。我们也十分注意对孩子的人文素质培养，以多种方式陶冶情操。经常欣赏音乐会、观看中外名剧，参观博物馆和各种展览，寓教于乐，提高审美情趣。同时，我们力主孩子接触自然、亲近自然，每年带其远游，增强体魄，增加文、史、地、生感性认识，以激发其强烈的求知欲和学习兴趣。在入小学之前，女儿已识字数千，能阅读晚报类报纸，并能随口自编一些合辙押韵的小歌谣，令人颇为惊叹……在数千人参加的北京小学新生录取考试中以优异成绩胜出，顺利被其录取。未知是其先天具有的超常潜能得到了适当开发，还是后天教育卓有成效。女儿终于迈出了从“丑小鸭”向“白天鹅”转变的步伐。

在梦梦进入以素质教育而著称的北京小学之后，我们对她的教育理念是，树立远大的学习目标，培养良好的学习习惯，坚持寄宿教育，父母从不“陪读”，鼓励孩子关注班事、国事、天下事，为祖国而学，为做21世纪的栋梁之材而学，为实现自己的远大理想而学。我们也很注重从小为孩子适应激烈社会的竞争奠定坚实基础，创造条件广泛接触各阶层人群，克服依赖思想，培养坚毅品德，锻炼吃苦精神，鼓励博览群书，厚积薄发，学会在知识海洋中搏击遨游、不断增强对复杂纷纭的社会现象的洞察力、感悟力和应对能力。

在学校、家长和本人的共同努力下，女儿在德、智、体、美、劳诸方面都有了质的飞跃，日渐上升，崭露头角，从三年级至五年级连续三年里，在享有盛名的人大附中华罗庚数学学校入学考试中，依次在2000名左右考生中取得第11、13、14名的好成绩；在清华附中同方杯、北大附中资源杯竞赛中均获得重要奖项；在区数学奥林匹克竞赛中获满分一等奖；在科普英语创新大赛中获区一等奖；从四年级开始，担任班刊主编，编辑出版月报几十期；在其语文老师指导下，女儿有近十篇作文、诗歌见之于《中国少年报》等报纸、杂志……针对女儿的良好发展态势，我们教育她永不自满，不断提出更高标准，努力向更高的目标迈进；同时注重其情商培养，要求她尊师敬长，热爱集体，培养坚强意志、毅力和良好的心理素质，增强团队意识和协作精神，树立良好的道德风尚。女儿在小学连续5年10个学期都被评为综合评价全优生，且经常以班级最高票数当选。自三年级始任少先队中队长，自四年级始任少先队大队委。在“非典”期间，担任班级联络员，每天上传下达，无一遗漏，尽心尽力、尽职尽责。

2003年盛夏，梦梦参加了八中少儿班招生考试。实事求是地讲，我们为女儿报名的初衷是为了再次锻炼其参试（赛）能力，培养其良好的心理素质，为即将面临的小升初热身。其结果也在家人意料之中，女儿又一次保持了近年来重大考试屡试屡胜的良好战绩。但对于其是否进入少儿班就读，家人看法不尽一致：女儿十分喜欢这个特殊的睿智群体，愿意适应这里人人奋发向上，不甘落后的竞争氛围；而家长一则对孩子能否适应超常教育、暨超常教育是否有利于孩子全面成长心存疑惑……再则不忍放弃心仪已久的女儿能进入人大附中等著名中学学习的机会。但最终，我们尊重了女儿的选择，正如往昔，在孩子早期发展进程中，我们竭尽全力，助其自立自主自强；而至今朝，当孩子已具有强烈的求知欲，超群的竞争能力和健康的体魄时，我们认为，理应为其选择更为宽松、优越、适合的环境，使其能更快更好地发展，“海阔凭鱼跃，天高任鸟飞”，让这些智力超常的儿童接受特殊教育，以期他们能为科学事业、为振兴中华，为人类进步做出应有的更大贡献，也是我们父母为女儿的人生道路正确导向而做出的无怨无悔的抉择。我们告诫女儿，要抓住特殊教育这一特殊机遇。勇敢面对新的竞争考验，挑战自我，超越自我，谋求更大发展。

刚进入少儿班，女儿有些胆怯，认为少儿班强手如林，不仅往日遥遥领先的优越感一去不复返，且在学习上颇有压力和“危机”感，感到无所适从，学习成绩也有所起伏，这是我们始料不及也不愿意看到的。为此，我们积极配合少儿班老师，让女儿虚心向各路“诸侯”学习，客观分析自身的有利条件。珍惜少儿班良好的外部环境，建立自信、乐观、奋斗、必胜的信念。我们以加强学习自觉性和提高学习效率为重点，力促女儿尽快适应少儿班紧张、高效的学习节奏，和全体同学一起，相互交流与帮助，共同提高与进步。我们告诫女儿要“顶天立地做人，脚踏实地做事”，注重情商培养，具有坚强的意志、毅力和良好的心理素质，把学习当作自己的任务，养成良好的学习习惯，沿着正确的人生道路不断地挑战自我超越自我，谋求更大和更好的发展。

四年里，我们由衷地感激八中、感激少儿班的老师们，没有成堆的作业，未见海量的习题，老师们不仅高效率、高质量地给予学生们知识，更让他们快捷地养成了良好的学习习惯、掌握正确的学习方法，谆谆教诲他们成为全面发展、特长明显、有竞争力的优秀人才。梦梦在优质全新的超常教育环境中逐渐适应和成长，逐渐提高了自主学习的意识和能力，时间安排有章有法，学习效率显著提高，翻开女儿的作文、周记本，看到她已初见端倪的观察力敏锐、想象力丰富和行文的妙语连珠、笔下生花，使间或也在电脑前“码字”的家长感到汗颜和自愧不如；尤其是，梦梦兴趣广泛，探究欲强，有幸在中学时代参加科技活动，初步领略从事科学研究的百般滋味，经过两年的不懈努力，数次代表八中参加全国、市级青少年科技创新大赛都取得优异成绩，均为一等奖获得者，并荣获北京市中小学生银帆奖；高考也一战告捷，如愿进入梦寐以求的北京大学就读。每当她惊喜地取得一份份出色的成绩时，我们都会对当初选择少儿班这一适合她茁壮成长的沃土而感到欣慰与自豪。

无论过去、现在还是将来，我们都真诚地感谢八中、感谢少儿班全体教师为这些智力超常儿童创建的广阔无垠的发展空间，并为女儿不断增长的能力感到欣慰。但是，我们也深深感到："路漫漫兮而修远"。对于梦梦，还远不是定论之时，在新的环境中也会不断显现出新的问题与不足……任重而道远。将孩子培养成为21世纪全球范围内具有竞争能力的一流人才，是我们所有智力超常儿童家长的共同心愿。为此，我们也愿意付出更多、更有实效的不懈努力，为女儿梦梦能沿着正确的人生轨迹健康成长、不断走向更高的科学殿堂，而营造良好的家庭氛围！

健康成长的摇篮

青　柳

我的孩子

2004~2008 年北京八中少 11 班学生
2008 年考入北京大学
（本文写于 2015 年）

题记：儿子在八中少儿班接受的快乐学习法是独特的，受到的教育是多方面的，得到的人生启迪以及对未来规划和目标的选择无疑也是正确的。

2015 年春节，于我家而言，注定是一个与以往不一样的春节。即将满 21 岁的、远在大洋彼岸的正在美国耶鲁大学攻读博士学位的儿子回京过年了！让我们感到异常惊讶的是，他带给我们的礼物是他去年在全美生化学会年会上宣讲用的 poster！看着这份与众不同的礼物，我们内心充满了喜悦。从这个图文并茂的 poster 中，我们看到了孩子孜孜以求的治学态度，和奋发进取的学习精神，以及在追求科学理想的道路上所迈出的坚实脚步。在为孩子取得学业好成绩高兴的同时，我们更深深地感到孩子之所以有今天的成长进步是与培养他的摇篮——北京八中少儿班分不开的。

我的儿子自幼就表现出了聪慧的天资。三岁多由于语言表达能力强而总是被幼儿园老师叫去“上传下达”；四岁左右就在人民大会堂领取了他人生的第一个奖项——第九届全国“六一”国际儿童节计算机学习机比赛一等奖；五岁前后已开始独立看书，能用《新华字典》来学习书中不认识的字；到 2000 年 9 月上小学前，已记住很多英语词汇，在“剑桥少儿英语”的学习中取得优异成绩。

然而，进入小学后，儿子却给我们带来了不少的“烦恼”。二年级前，老师两次

"召见"我们，希望我们告诉孩子不要在老师刚一提问就回答问题，希望少举手抢答，把机会留些给别的同学。三年级来了新老师。新老师很快发现在课堂上他总是爱"接下茬"。于是，这位新老师给他开了小灶，只要不说话，允许上课看什么书都行。之后我们再次受到"召见"，班主任表示为不耽误孩子的前程，希望我们把孩子转到其他重点小学去。于是，我们"费尽了功夫"把孩子转到了府学小学。可在府学就读的四年级，小家伙仍没让我们省心，我们再次被"召见"，因为孩子在课堂上"太活跃"。正在我们为此"烦恼不已"的时候，不曾想，北京八中少儿班招生的消息来了，消解我们"烦恼"的机会来了！

经过一系列考试、测试、试读程序的筛选，儿子从众多报名者中脱颖而出，进入了北京八中少11班学习。少儿班需用四年的时间学完八年的课程：小学两年（五、六年级）、初中三年和高中三年，然后与同年高中生统一参加高考。我们开始担心，才10岁的孩子能行吗？受得了吗？然而，儿子却如鱼得水、兴奋不已，如饥似渴、不分顺序地读着自己喜欢的课本。每天放学回家的路上便是我们兴高采烈交流新收获的好时光。

记得儿子小时候，在大人做菜时，时不时地往火里扔把盐呀、糖啦的，还经常将酱油、醋、香油、淀粉等一些日常生活中的食用作料混合，放在一个瓶子里，鼓捣来鼓捣去。有时，还把鸡蛋放在醋里，等过些天后拿出来看看有什么变化，然后再往里面添加些其他东西，等着看未来的结果，对这些混合物表现出极大的兴趣。进入八中少儿班后，这一兴趣得到了正确而有效地引导。化学、生物、物理课的开设，极大地提升了孩子对自然科学的热爱。特别是少儿班有针对性地教学和实验课的动手操作，使我的儿子尤对化学这一学科表现出更大的兴趣，有不懂不会不明白的问题就向老师请教。老师高质量的授课和对一个个问题不厌其烦地耐心解答，加之自身的言传身教，深深地感染和影响着孩子。慢慢地，对未知世界的探究和对未来科学不懈追求的种子已悄然地埋藏于他的心里。进入北大化学系就读，也就成为他高考追逐的第一目标。如今，这一愿望的实现和其继续的学习深造，充分说明了八中的学习教育已深深地影响了并仍在影响着孩子的人生。

数理化语外生等课程自不必说，还有少儿班那独有的自然体育课就更是让我们的孩子欣喜若狂、陶醉其中，且受益匪浅。学游泳踢足球、郊游踏青步行远足、打了篮球排球再来橄榄球等等，不一而足。特别是骑独轮车运动，给他留下了太多的回味。骑独轮车，是少儿班特有的一项运动。开始，老师将孩子们分成两人一对、三人一组，互相搀扶，练习平衡，慢慢地一个人就可以蹬车前行了。随着越来越多的同学学会了单骑，我的儿子却陷入了苦恼，因他不在这之列。看着同学们骑着独轮车一个个潇洒的身影，他泪眼婆娑。着急上火自不必说，内心的羞涩与苦闷难以言表，放弃之念也不油而升。恰在此时，老师悉心地指点，同学热情地相助，给了正要放弃学骑的他以极大的鼓励。只见他重新跨上独轮车，同学们用他们那友爱之手握住他的双臂，轻扶着他，帮他练平衡、助他蹬车前行。拉手、平衡、前行，慢松手、再平衡，再前行，一次次，一回回，渐渐地，独轮车犹如听话的小羊羔，在儿子的脚下飞快地转动，一圈又一圈，一轮又一轮，向前、向前，滚滚向前……由不会到会，由摔倒到站起，他可以单骑了，他成功了！这一幕，深深地定格在他的脑海。学骑独轮车这一课，教会了儿子很多东西，他也从中学会和收获了很多。他学会了技能、学会了自信、学会了坚守、学会了互助，收获了感动、收获了友情、收获了成功，从某种意义上说他也收获了未来！

八中少儿班的魅力远不止如此，还有那第一次铃声活动、赴韩参加世界创新大赛、接待诺贝尔奖获得者、科尔沁沙漠自然探秘、心理课的疏导、拓展训练的体验、成人仪式的举行等等……从理想信念的培育到做人做事的教诲，从知识的吸取到学习方法的形成，从兴趣的激发到眼界的开阔，从智商的开发到情商的培养，从品格毅力的修炼到自信心意志力的锻造，都对孩子未来的发展进行了全方位的设计和培养。

少儿班的四年，课业虽不轻，但孩子的学习是快乐的，受到的教益是巨大的，取得的收获是满满的。我的儿子以他 14 岁毫无加分地考入北京大学为标志，说明在八中少儿班的学习是成功的，家长的担忧是多余的。应该说，八中少儿班的每一堂课，每一次活动都深深地教育和影响着孩子，引领着他健康成长，一步步走向放飞理想、追寻梦想的人生之路！

儿子在北京八中少儿班接受的快乐学习法是独特的，受到的教育是多方面的，得到的人生启迪以及对未来规划和目标的选择无疑也是正确的。北京八中少儿班，每年尽管只招收 30 多名学生，但仅北京报名者却都在千人以上，众多上课时“太活跃”的小学生们太需要少儿班了，否则在一遍又一遍地重复抄写中会毁掉多少超常少儿们。全国各地的朋友常向我们咨询，当听说这个班只招收北京学生时，他们甚感遗憾。少儿班已有一套在科学研究基础上形成的课程设计和教学方法。学校与世界上很多超常教育的组织都有联系和交流，注意不断地总结完善有针对性的教学方法，除教给孩子们科学知识外，还注重培养孩子们的自学能力、探索自然奥秘的兴趣以及未来的做人。同时，少儿班有一批具有丰富超常少儿教育教学经验的师资力量。这些老师，是八中的财富，更是国家的财富。要把他们对超常少儿教书育人的经验总结出来，传承下去。

我们相信，北京八中少儿班，会越办越好！

适合超常儿童快乐成长的地方

荷　音

我的孩子

2006~2010 年北京八中少 13 班学生
2011 年考入清华大学
（本文写于 2015 年）

题记：转眼间，儿子马上要从清华大学毕业，到美国的一所著名大学读直博了。回想儿子的成长历程，从小学到大学，都得益于好的教育模式和许多优秀的教师，尤其得益于在北京八中少儿班的生活。

儿子没有出生的时候，我们就已经期盼和相信他是一个健康活泼、聪明可爱的孩子。出生后，全家人都非常珍视他，他也得到了自由快乐的成长，身体很强壮，脑子很聪明，非常调皮，爱玩。

在儿子小时候，我们一直是满足孩子各种爱玩的愿望，从没有让他学识字和算术，却给他报了游泳、围棋、轮滑、乐器、绘画等玩的项目，最后坚持下来的游泳，围棋和黑管，都学得很不错。儿子从上学前开始学游泳坚持到三年级；三年级开始学黑管到五年级时考过八级；五岁多开始学围棋到小学四年级获得业余四段，国家二级运动员证书。我们的教育理念是儿子应该有快乐的童年，能和小伙伴们尽情玩耍，品行应该善良正直朴素，身体应该好，智力应该得到开发，因此没有让他上过语文、数学、英语方面的补习班。

上小学一年级时，他就在学校对门的玩具店帮店主安装进口赛车模型挣钱。小学二年级，他自己报名参加朝阳区的小学生车模比赛，在一群比他大的孩子中获得二等奖。四年级还参加过电视台的表演，五年级参加北京市作文比赛获得一等奖。

儿子四年级的时候，我们给儿子报名了北京八中的少儿班考试。聪明的孩子很多，我们的儿子只是其中很普通的一员，能有幸考上少儿班吗？当时是抱着试一试的心态，虽然儿子没有入选，我们也不在意，因为知道他五年级时还有一次报考机会，而且也想让他多玩一年。

儿子是个爱玩的孩子，一开始是不愿意报考少儿班的。他不愿意离开原来的学校和班级，他所在的芳草地小学，也是一个追求给孩子们提供快乐教育的优秀学校，他所在的班级，从一年级到五年级，都有很多优秀的老师，让他非常受益，他是在一个自由宽松的环境里成长的，有很多可爱的小伙伴，让他感到特别开心快乐。

他担心到少儿班后只有学习，没有时间玩，因此，一开始是一百个不愿意。但当我们反复做了他的思想工作，尤其是当我们告诉他：到少儿班后，每周有一个半天不用学习，而是到户外上自然体育课，可以到大自然中玩耍。他才同意考少儿班。试读结束后，他立即就喜欢上少儿班了，因为试读生活丰富多彩，而且，最重要的是，他遇到了一群和他一样活泼爱玩而且聪明好学的孩子，还有宽厚和蔼，循循善诱的好老师们。

我们相信每个孩子都有着巨大的潜能，但由于后天的教育不一样，有些孩子得到了充足的养分茁壮成长，有的孩子可能在一段时间内发展的不是很好，但也仍然会具有发展的潜力。我们一直有四个想法：一是，孩子们都是有巨大潜能的，我们的儿子也会适合少儿班的教育；二是，少儿班的自然体育课符合儿童的天性，有利于孩子的终生发展；三是，不希望孩子在现有的应试教育体制内停留太长的时间，尤其是不希望遭遇浪费时间又扭曲孩子天性的小升初考试和中考，上八中少儿班，可以规避掉这些恼人费力又有害无益的考试；四是，孩子十四五岁上大学，可以早三四年进入社会，开始工作，因为社会才是最好的学校，开始工作才是真正开始创造人生。我们希望孩子能在最富有创造力的时期走入社会工作，而不是在学校呆的时间太久。基于以上多方面的考虑，我们渴望孩子能上北京八中少儿班。

但是，儿子进入少儿班后，很快就感觉到学习上的压力了。主要是数学，对他这个从来没有在外面上过奥数等数学辅导班的学生来说，尤其显得吃力。他开始嘀咕，“为什么要上少儿班？早知道这样，还不如不上少儿班。”那时候我的第二个孩子才一岁多一点，我自己又重新开始全日制工作，也没有时间辅导他的学习，完全靠他自己。但我们也从没有因为孩子的成绩批评过孩子。慢慢地，在那些优秀老师们的帮助下，儿子的成绩上来了。

总记得儿子的班主任王老师经常安慰我们的话：“放心吧，你就把孩子交给我吧！”儿子总是很幸运，在哪儿都遇到好老师。学围棋时遇到海老师，一位把自己的女儿培养成亚洲青少年冠军的老师，有着丰富的培养孩子的经验和吸取培养自己孩子的教训后的放松心态，因此幽默而从容，孩子在这样的好老师教育下，轻轻松松就打上了四段，获得国家二级运动员证书。在芳草地小学管乐团学习黑管，又遇到了好的黑管老师，从一开始的贪玩不学习，成绩最差，到一年多后，比较觉悟了，就成为学校乐团黑管的首席，总是得到崔老师的表扬，儿子的黑管也学得轻松愉快。好的老师，能让孩子学得愉快而轻松，而且进步很快，优秀的老师才能给孩子提供优秀的教育。

在少儿班，他又遇到了一群优秀教师们。班主任王宁老师，非常爱孩子，理解孩子们，不仅对孩子宽容，而且是一位经验丰富的好老师，知道在什么时候，什么地方，应该对孩子松；什么时候什么事情，应该对孩子紧，孩子们都很喜欢他。副班主任王竹颖老师，则是一位慈祥和蔼，热爱孩子，永远童心不泯的好老师，她一直像妈妈那样爱着每个学生，从来都是鼓励有加，就像母鸡护雏一样，精心呵护着自己的学生。学生们在她那儿，得到的总是激励和帮助，真的是非常幸运。

好像逐渐地，他不再抱怨，而且有一次，他从学校拿回来一些红纸，有心形的，有别的形状的，说是同学送给他的。因为有一节课，老师让同学在红纸上写上为什么喜欢某个同学的话，送给这位同学，结果他在班上拿到了很多同学的红纸，非常开心，可以看出，他在班上除了学习，其他的状态不错，同学们都很喜欢他。

儿子在少儿班第一学期末，我去国外工作，暑假的时候，他来我这儿旅游，精神状态不错。等我一年后回国时，他已经进入少儿班二年级，只有在每次开家长会的时候，少儿班家长会很多，工作做得很细致，我们才知道他在班上的成绩，当时还是中等靠后的，但是我们也不太着急，也没有因为这个说过他，而且，他的数学成绩也还可以，也很喜欢数学，尤其喜欢数学王春辉老师，说他是一个非常幽默，爱学生的好老师，孩子们都特别爱学数学。儿子甚至说过，等他以后退休了，他就回八中教数学，可见数学王老师对他的影响。

语文王丽老师，当时虽然年轻，但却非常认真负责，给孩子们的语文打下了良好的基础，孩子们很喜欢她。四年级时是经验丰富的语文特级刘运秀老师，深受孩子们的喜爱。刘运秀老师课上还不时给孩子们讲一些自己的小笑话，让孩子们在笑声中学习，喜欢学习语文。

英语解红老师对孩子总是笑眯眯的，看到哪个孩子都觉得好，轻言细语，激励和夸奖不断，孩子们的英语成绩都很好，都很喜欢她。

开始学物理后，儿子总是非常兴奋，经常回来告诉我们有哪些笑话，又学到哪些有趣的物理知识。儿子很喜欢上物理课，从来没觉得无趣和困难，物理陈爱峰老师简直是他们的男神，物理课对他来说就是享受和乐趣。一个老师能把抽象复杂的物理课讲成这样，实在是少有的高水平。

生物李云芳老师，又是一位特别爱孩子的好老师，总是那么细致认真。看到哪个学生有问题，就及时地解答学生们的问题，总是耐心和气；看到哪个孩子有进步，就及时而欣喜地表扬和激励孩子们。不论男生不女生，都喜欢学生物，都把李老师看作自己的良师尊长。

化学戚江凡老师喜欢侃侃而谈，风度翩翩，孩子们也喜欢上他的课。体育刘兵老师和张健老师，都教过儿子，是儿子崇拜的孩子王。

少儿班这种教育模式，少儿班这些优秀的老师们，实在是可遇而不可求，没有他们，儿子不可能获得那么好那么快的成长。

到三年级的时候，我才开始关注他的学习，这时，他的学习已经是班里中等水平了，因为有这些优秀的教师，我们从来没有为他的学习操过心。不仅如此，儿子上少儿班后，我们也从来没有给他花钱在外面上过什么学习方面的补习班。少儿班让我们节省了很多时间、精力和金钱。

四年级后，儿子等于是上高三了，第一学期他还沉浸在动漫中，我们也没有逼他学习。但从第二学期开始，为了他能考上理想的大学，我们开始更多一些关注儿子的学习。一模时，儿子考进了班上前十名，比上学期的期末考试提高了几十分。儿子进步很大，我们就有点掉以轻心了，虽然儿子高考也考得不错，但离他的目标清华大学还有一点差距。在和我们商议后，儿子决定复读，一定要考上清华大学。

复读时是在八中的高三实验班进行的，在高三，他又遇到了一群优秀老师：认真负责的语文葛小峰老师，风趣幽默的数学王华老师，和蔼可亲的化学李燕老师等，儿子终于如愿以偿，考上了清华大学学堂实验班。

在高三实验班的一年，他才体会到原来少儿班的作业是多么少。对比之下，儿子觉得自己非常幸运，既享受到了少儿班的乐趣，也体验到高三同学的成熟和友谊。而且，在高三一年的学习，让他了解了常规高中生的学习方式，让他对中国的常规教育有所了解，让他能和比他大两三岁的孩子们一起学习和生活，能顺利地融合在一起，为他后来成功融入大学生活，奠定了良好的基础。

以前都把儿子当孩子看，在少儿班的第三和第四年，我们发现儿子长大了，成了一个幽默、有前瞻、有主见、善于思考、反应迅速、计算能力很强的青少年。复读后，则更加成熟了。在他上清华大学时，我一点都不担心他的适应能力。在清华的第一年，全班 35 人中，有 33 人投票推举他为班长，他也尽心尽力为大家做事情，虽然比别人小两三岁，但是如果没有人知道他的真实年龄，一点也看不出来他比别人小，因为他个子高，行为处事也比较成熟稳健。

在儿子上大学时，无论是外表和思想行为，看起来和正常的大学生没有什么区别，183 厘米的个子，匀称而健美，显得比很多大学生更健康；自信而沉稳，对世界充满了好奇和期待。

但在清华的实验班里，都是来自全国的数学、物理、信息技术的顶尖学生，儿子的学习成绩和刚上少儿班时一样，又受到了挑战。再加上他的爱玩和社会工作，学习成绩在班上排在比较靠后的位置。虽然我们家长从来没有过于重视成绩，也从来没有因为这一点说过他什么，但他自己的压力还是挺大的，和清华的同学比起来，尤其是和那些在数学和信息技术方面受过大量竞赛培训的同学相比，他感觉到自己的差距，曾经在心理上也受到过挑战。

但是，随着时间的推移，还有老师和家长的鼓励，他的优势逐渐显现，由于他对学习从来没有失去兴趣和热情，凭着他的积极主动和善于学习的精神，他的成绩也越来越好。在大三暑假，又是一位优秀的老师，清华学堂的徐老师帮助他申请到美国一所著名大学做实习，在三个月的紧张实习中，他学到了很多新东西，也做出了一些成绩，得到了美国教授的大力支持和充分肯定，为他后来的博士申请奠定了良好的基础。

不仅如此，上大三时，儿子开始自己挣钱了。四年大学生活，我们没有为他花过一分钱学费。有清华大学的奖学金，他每月只需要一点吃饭和买书的钱。上少儿班时，他从没有找我们要过手机，上清华后，他也不要手机，为了班上的社会工作，他就用了学校发的一个免费的简便手机，用坏以后，我们让他买新的，他却从同学那儿获得一个淘汰的免费手机，直到后来因为学计算机的他需要对新技术的了解，才买了一个最新的苹果手机。从大三开始，他用业余时间工作挣钱，我们也越来越少地给他生活费，到大四时，儿子已经在经济上自立了，而且还在毕业前拿到了计算机专业世界排名第一的美国一所大学的全额奖学金读直博。

自从儿子上少儿班，我们就没有因为小升初，初升高，费过劲，少儿班不知道给孩子和家长省了多少心，省去多少烦恼！相比之下，儿子小时的玩伴，一些非常优秀的孩子，却因为小升初，初升高，费尽了心力，这些考试和学习折磨着孩子们对学习的兴趣，甚至产生厌学情绪。但儿子在少儿班，从来没有产生过厌学情绪。作业不多，又不加班加点，成绩照样很好。而且，每周还有半天的自然体育课，每学期期中和期末考完试后，都会组织学生外出社会实践。在儿子大四时，有一次我问儿子少儿班让他受益最多的是什么，他思考了一下，告诉我说是和少儿班同学一起出去玩（自然体育和社会实践活动）的快乐，还有一种对生活积极主动的精神。我想，这都是托少儿班这种教育模式的福，托北京八中这群优秀教师们的福。

少儿班四年，给了儿子幸福快乐的童年和少年时期，给了孩子一群聪明伶俐、活泼可爱的伙伴，从儿子和他的同学们才华横溢的班级日志中，从儿子每天回家兴奋的讲述中，从儿子买的一大堆化学试剂中，我们都可以看出儿子的积极快乐和健康成长。

感谢八中，感谢少儿班！这是一个适合超常儿童快乐成长的地方，这是一个人才辈出的地方！

适合自己才是最重要的

郑　珑

我的孩子

2006～2010 年北京八中少 13 班学生
2010 年考入清华大学
（本文写于 2015 年）

题记：经常会有人请我谈谈教育孩子的经验，我常常无言以对。孩子们的性格、脾气、秉性千差万别，南橘北枳的道理大家都明白，唯有适合孩子的方法，才能助其成功。

经常会有人请我谈谈教育孩子的经验，我常常无言以对。孩子们的性格、脾气、秉性千差万别，南橘北枳的道理大家都明白，唯有适合孩子的方法，才能助其成功。我很欣慰的是，作为家长，我们帮助孩子找到了适合他接受教育的平台——北京八中少儿班。

我的孩子从小就表现出超越同龄人的能力，很早就学会走路、说话。一岁多的时候，我无意中发现，孩子捧着童话书朗诵了起来。我惊讶于她从哪里学会识字，父母并未教过。询问后才知道，她只是把我每晚讲述的睡前故事都“背”了下来，捧着书边看图画边背诵，看上去就像在朗读。这展现了孩子超常的记忆能力。

作为父母，我们主张给孩子一个轻松愉快的成长环境，因此对于孩子展现出的特殊天赋，我们并没有多加重视，没有施加特别的教育，只是当作一个普通孩子来培养，甚至特意为她报名了以减负著称的小学。课余，孩子只参加了琴棋书画等陶冶情操的辅导班，从未学习过奥数、华数。

然而，原以为这会让孩子能够免受太多压力，健康地成长。谁料事实却与想象中不尽相同。在小学四年级时，孩子突然开始出现厌学情绪，一度想辍学。询问原因才知，孩子之所以厌学，是因为受不了“重复性”的学习任务。由于孩子的智商较高，课程一遍就可以学会，而普通小学却要将一个知识点反复教授许多遍，孩子也要被迫重复地做同类题型的作业。这让孩子产生了厌烦情绪，日积月累，便产生了辍学的想法。

了解到这一情况后，作为家长，我们急在心头，想给孩子转学换一个学习环境。在最初报考少儿班时，说实话，我们并未抱太大希望，因为孩子未上过奥数班，未经过任何训练，在小学的成绩也并不突出。孩子也告诉我们，少儿班的选拔考试题目很难，数学题很多都看不懂。然而，思维考试却让孩子如鱼得水，看其他同学还在冥思苦想，孩子已经早早做完考卷。就在这完全不抱希望的“尝试”下，孩子竟然考入了少儿班。这是我们完全没料到的。

让我们欣喜的是，进入少儿班之后，孩子的精神状态有了很大改变。少儿班完全不同于普通学校。少儿班为超常儿童提供了更合适的学习氛围：简单的内容通过课余自学完成，课堂内容只教一遍，孩子学会了即可，作业也是多种类型的练习，并不是同一题型的反复“夯实”。这样特别的教学方式，既节省了大量教学时间，又能最大程度发挥了孩子的潜能，激发孩子的兴趣。孩子曾多次表达自己对于少儿班学习氛围的喜爱，而她的实际表现也印证了这一点：孩子一直保持着较好的成绩，而旁人看来繁复的知识点，她学得乐在其中，少儿班的四年生活，她过得无忧无虑，真正达到了我们所期盼的“快乐教育”。

另一点让我们感动的是，少儿班的老师甚至比家长更了解孩子。记得在高考前，孩子一度成绩不稳定，一模、二模考试成绩都较为一般，离孩子的理想学校有一定距离。而孩子在报考志愿时，非常执拗，坚持只报考一所，其余二三志愿都留空不填。我们找到老师，希望能劝说孩子再考虑考虑。班主任王宁老师却坚持表示，孩子一定没有问题，考前的波动是正常的，家长就放心地陪伴，不必干涉孩子的想法。果然，孩子在高考中发挥稳定，以很高的成绩顺利进入理想院校。

现在，孩子已经考取美国名校的研究生，即将展开人生的新篇章。然而，无论是作为家长的我们，还是孩子自己，都会时常感慨，庆幸我们选择了这条合适的道路。如果没有少儿班，很难想象孩子在普通的教学体系里、在重复枯燥的学习生活里会有怎样的发展。她或许也会考取同样的名校，获得同样优异的成绩，但是孩子过得是否会有少儿班这样快乐无忧，就不得而知了。

少儿班作为一个实验性的班级，并不是适合所有孩子，甚至不一定适合所有的“超常儿童”。然而，我相信经过30年的探索，少儿班已经形成了良好的筛选体系和教学制度。能入选少儿班的孩子，一定会在这个集体里如鱼得水。

最后，感谢少儿班的所有老师，没有您，就没有孩子的今天。

少儿班老师的两件小事

刘心红

我的孩子

2006~2010 年北京八中少 13 班学生
2010 年考入澳门大学
（本文写于 2015 年）

题记：相对于孩子们的快乐，我想少儿班的老师是痛并快乐着，因为每一天，每一个老师都要不停地跟这些超常的熊孩子们斗智斗勇。

1995 年 6 月 30 日，一个小生命的诞生，给家庭带来欢乐的同时，也给年轻的父母带来责任。作为母亲，为了能更好地陪伴、教育孩子，毅然辞去了待遇优厚的工作，做起了全职妈妈。

从孩子出生伊始，虽然没有任何经验，但作为母亲的责任感，让我在不断地摸索中开始了对孩子用心的教育。

一岁开始识字，三岁能读书看报，四岁学会查字典并发现字典中的化学元素周期表，用两周的时间理解、背诵、默写了下来。孩子兴趣广泛，天文、生物、医学、化学等等方面都阅读了大量的书籍，孩子较为出色的表现，让我决定等孩子到了适宜的年龄去报考八中少儿班。考取少儿班并不是第一次就成功的，但孩子自己没有退缩，信念坚定，最终如愿。

孩子在少儿班读书的四年让我感受到了不同于原本以为的“中国式教育”的教育方式，让我见到了让人敬佩的优秀的教师群体。有两件事情，老师的处理方式让我震撼。

一件是孩子在参加少儿班考试等待入场时，淘气地踩在学校大门的底部横梁上晃悠着玩儿，我发现时赶紧制止并要训斥，但当时在旁边的王竹颖老师却对我说："不要说他，淘气是孩子的天性，注意他的安全就行。"我当时除了震撼，还有的就是感动。因为在不久前，同样的事情，不同的学校、不同的老师把我和儿子严厉地训斥了一顿。另一件就是有一次开家长会，班主任王宁老师正在讲话，突然听到玻璃大门破碎的声音，班主任老师冲出教室大门，第一句问话是："有没有孩子受伤？"在确认了孩子没有受伤后才开始询问原因，原来是少 13 班的熊孩子们刚学了物理，想要实验玻璃大门的承受力，用不同的物体去砸门，最终用锁门的链子锁把门砸碎了。王宁老师在肯定孩子们的求知欲的同时批评了孩子们选择的实验方式和实验对象不对的错误。此事再一次震撼了我。

孩子在少儿班的四年是快乐的，在快乐的学习中，不但学到了丰富的知识，也在超常的特殊教育中，学会了独立，由一个离不开父母身边的儿童，成长为一个十四五岁就能自己背着行囊远行求学的少年。

相对于孩子们的快乐，我想少儿班的老师是痛并快乐着，因为每一天，每一个老师都要不停地跟这些超常的熊孩子们斗智斗勇。30 年，你们的付出，培养出了众多优秀的孩子，他们在不同的行业，不同的领域都是佼佼者，他们是家长的骄傲，更是老师们的骄傲。

少儿班就像一个大家庭，不管孩子们飞得多远，飞得多高，他们都知道他们有个家是他们的坚强后盾，他们的家庭成员遍布世界各地，家庭的每个成员，每个兄弟姐妹都是紧紧连在一起的。

少儿班 30 年，是而立之年，孩子们去放飞梦想，去勇于拼搏吧。

少儿班给孩子的人生奠定了最坚实的基石

伊　兰

我的孩子

2006~2009 年北京八中少 13 班学生
2010 年考入英国牛津大学
（本文写于 2015 年）

题记：北京八中少儿班、英国牛津大学（耶稣学院数学本科生），直到现在的美国普林斯顿大学（金融硕士研究生）。这是一条熠熠生辉的学业道路，道路的起点是北京八中少儿班，是孩子学业道路的奠基石。

2014 年 2 月 12 日，越洋电话传来儿子兴奋的声音："普林斯顿大学金融研究生录取我啦"，我们再次为他的成功而骄傲与喜悦。作为 2014 年全美综合排名第一的常青藤翘楚，普林斯顿大学是继牛津大学数学本科之后儿子最憧憬的金融学府最高殿堂。

自从 2006 年孩子就读少儿班以来，这种喜悦如影而随，给我们留下了太多幸福的记忆。八年来每个兴奋高兴的瞬间，就像记忆深刻的电影画面一样，一幅幅展现在我们的脑海：北京八中少儿班、英国牛津大学（耶稣学院数学本科生），直到现在的美国普林斯顿大学（金融硕士研究生）。这是一条熠熠生辉的学业道路，道路的起点是北京八中少儿班，是孩子学业道路的奠基石。

一、少儿班：孩子熠熠生辉的学习生涯的起点

2006 年 7 月，儿子结束了在中关村三小五年级的学业，被八中少儿班录取。自此之后，他踏上了一条熠熠闪光令人羡慕的学习生涯。2006 年 9 月开始就读八中少儿班——中国唯一培养精英的超常中学，随后攻读英国牛津本科（耶稣学院数学系）——世界顶尖学府，最后来到美国普林斯顿大学金融研究生——通向金融界的圣殿。在我搁笔时，2015 年 1 月，儿子又实现了他另一个梦想——被世界顶尖投资银行高盛录取。

百里挑一考上八中少儿班。2001 年 9 月，儿子上小学了，就读于海淀区中关村三小。二年级，儿子在北京市数学学校考试第一名，从此，他热爱上了数学。二年级至四年级多次荣获数学竞赛最高奖项，特别是五年级那年，他在华罗庚数学金杯赛中，与六年级学生同台竞技，取得了总分第二名的成绩。在奥数课外班，我们第一次听说北京八中有个少儿班——中国唯一培养天才精英超常学生群体的中学，学业四年就可考大学，每年面向北京市 10 岁左右的小学生招生，选拔考试竞争异常激烈，可谓百里挑一。

少儿班高效、独特的教学十分吸引我们，2006 年初我们决定报考。约 1500 名孩子初试后，他进入前 200 名参加复试，复试后约 60 名进入试读，一周的封闭试读后，儿子没有辜负我们，他脱颖而出，成为 29 名成功入选第 13 届少儿班的一员。记得那是 2006 年夏天一个周日的下午，当儿子从楼下传达室拿回挂号信高兴地向我们示意录取时，我们当时那种激动和高兴是透彻全身心的，儿子第一次由于学业转折带给我们重大喜悦和兴奋。

2006 年 9 月，儿子正式就读少 13 班，成绩一直名列前茅。少儿班配备了强有力的教师班底，数学、语文、英语等，数学老师睿智风趣，讲课深入浅出，极大地引起了孩子们的兴趣；语文老师底蕴深厚，讲课娓娓道来，启迪了孩子们童年的心扉；英语老师要求背诵新概念英语，给孩子们打下了扎实的英文功底。最有特色的当属每周五下午的自然体育课，让孩子们从日常繁重的学习中暂时解脱出来，融入大自然，通过高强度体育锻炼，劳其筋骨、炼其肌肤，使得孩子们极大地锻炼了身体。还有每学期真正接触社会的实践活动，更是开阔了孩子们的视野，陶冶了情操，成熟了他们的心智。少儿班四年高效的学业，使孩子们深得益处，为人生和学习生涯奠定了坚实厚重的基础。“少儿班” 在以下三个方面独具特色，令人刮目相看。

二、少儿班：培养孩子独立思考的人生、练就少年早熟的社会品格

儿子独自飞赴英国牛津大学开始本科学习时，也就 16 岁，许多人都以为我们要万里送子。当大家知道孩子只身前往时，许多人感到惊讶。小小年纪独自一人闯天下，并且是异国他乡，这样的独立性，归功于少儿班时练就的独立自主、勇于接触社会心智的历练。

记得刚上少儿班时，老师经常讲，这些孩子的智商绝对是一流的，但是他们心智的成熟必须要刻意历练。所以每学期少儿班都会组织丰富多彩的社会实践活动，让他们真正走入社会，增加社会阅历、成熟心智。他们的足迹遍布祖国甚至全球各地。儿子就先后随同少儿班去过大同煤矿、延安等；去过美国、日本进行游学。小小年纪十二三岁就广泛接触社会，超越了同龄孩子的社会阅历，锻炼了他们独立思考、融于社会的成熟心智，初步具有国际视野。

在申报英国大学时，这种果断的独立行为表现得尤为突出。从查阅英国大学资料，到选择学校并递交申请，比如为什么选择英国而不选择美国、为什么选择牛津而不选择剑桥也是他自己独自认真全面评估后做出的。我们没有替他做过申请留学的任何事情，没有咨询过任何留学中介，我们的教育原则是支持孩子干自己能决定并喜欢的事情，决不把自己的想法强加于他。

超越学业之上，少儿班培养了孩子独立思考的能力，练就了成熟的心智，为孩子成功进入社会成为合格优秀的人才奠定了厚重的基础。

三、少儿班：练就孩子扎实的功底

儿子就读的牛津数学系 200 多人，来自世界各国及英国当地，他们是经过层层筛选的最优秀的学生，身手不凡，个个都是精英，学业竞争异常激烈。

牛津学习的第一学年，儿子获得牛津数学系第二名。当时他说道：这是可遇而不可求的，明年我没有把握还能拿到这么好的名次。第二学年，儿子获得牛津数学系第一名，当我们就此事再次交流时，他流露出一丝得意，说少儿班练就了他扎实的数学功底。第三学年，孩子仍然保持第一名的领先地位。牛津三年本科学习，他每年都拿到牛津大学校董奖学金和耶稣学院奖学金。

数学王老师睿智风趣地教学，寓教于乐，使得班级的大部分孩子数学学习兴趣浓厚，成绩斐然。八中少儿班数学教学扎实的功底，给孩子们打下了优秀的数学基础。

数学的成功，带动了包括物理、化学甚至英语的学习成绩水涨船高。数学深厚的功底，使孩子们受益终生。

少儿班英语教学另辟蹊径、独步争先。我们现在依然清晰地记得，少儿班英语教学选材独特，有大量的阅读、听力练习，最有特色的当属背诵新概念英语。少儿班这一匠心独具的安排，给孩子们打下了扎实的英文功底。凭着这样的功底，儿子获得雅思考试总分八分（九分为满分），轻松占据当年雅思高分榜。

当儿子来到英国牛津学习时，他没有通常半年左右的英语适应期，凭借少儿班英语听说读写厚重的基础，基本是无缝连接，轻松融入英语教学等全部英语学习的环境。

少儿班，是孩子人生及学业最重要的启蒙教育摇篮。少儿班不仅在学业上为孩子们奠定了坚实的基础，启迪了孩子们的心灵，而且在体魄锻炼和心智成熟上匠心独具，使孩子们受益匪浅。少儿班提供了孩子学习的沃土，是接触社会的初乐园。

四年时光

韩　雷

我的孩子

2007~2011 年北京八中少 14 班学生
2011 年考入北京航空航天大学
（本文写于 2015 年）

题记：许多人奔牛校是奔老师去的，的确，少儿班的老师各个都很“牛”。少儿班的老师都很有经验，给我们“阅人无数”的感觉，老师的许多话随着时间的推移都得到了验证。

我的孩子当初考少儿班有点戏剧化，说是去陪考，结果自己考上了。初试、复试、试读，孩子顺利过关。要不要上？这毕竟是一条非常规之路，我们决定让孩子自己来决定。

“我要上！”

“为什么？”

“因为我的同学都很牛！”

OK，就这么定了。现在，孩子从 2007 年入学少儿班到如今大学毕业并准备美国研究生的考试，已经八年了。前两天问儿子：“少儿班有什么事让你印象深刻？”“好多事都深刻！”儿子非常认真地回答。

入学前我们和外界一样，对于少儿班最担心的是，如何四年完成八年的学业，到底有什么特殊的方法？当然，经历过了就明白了，孩子们按照老师的布置，按部就班地学习，无论功课是紧还是松，他们都能适应。

许多人奔牛校是奔老师去的，的确，少儿班的老师各个都很牛。少儿班的老师都很有经验，给我们“阅人无数”的感觉，老师的许多话随着时间的推移都得到了验证。

我孩子的数学老师陈孟伟老师当时是第一次带少儿班。班上曾有家长质疑他，而陈老师用行动让孩子们接受并佩服他。记得儿子曾说过，我们陈老师很棒的！孩子的作业没做好，老师让他重做，孩子那是心服口服的。至今记得陈老师在家长会上对我们说的话：“让孩子一步步演算、错了再改、改正再思考，这个过程本身对他们养成良好的习惯和思维都有好处。”“别去外面找老师，只要跟着我，你们都能会。”

王竹颖老师每次给我们开家长会都是一如既往地温柔，一直是娓娓道来的感觉，但气场和效果是强大的。对于我们这些孩子的考试成绩总在平均分以下的家长，有很好的鼓励作用。记得入学第二年有外国总统夫人访校，儿子为外宾演示了中国书法，王老师给予了极大的鼓励，孩子毕业时，王老师还让孩子写了几幅字留在了少儿班。

少儿班的自然体育课是最吸引人的，这里面的故事能写成一本书了。儿子几年参加自然体育课留下的画面做成相册，什么时候翻看都激动。每周用一个下午让孩子学习体育技能，经常是三四个小时不吃不喝，在烈日下长走、在严寒里攀登……寒暑假去游历祖国的大好河山。不但锻炼了体魄，更重要的是锻炼了意志力。让孩子们认识到只要努力，目标就能达到。四年的锻炼，让我的儿子成为喜好运动、身高 1.85 米的翩翩少年。其实我和孩子的父亲个头都不高，我这做医生的都叹服少儿班的这一创举。孩子们在以后的生活中，甚至觉得运动、坚持、不吃不喝半天甚至一天，去承受这些是理所当然的，并不值得大惊小怪。这种锻炼，作为独生子女而且是在北京这个大城市里长大的孩子，是在其他地方不可能获得的。即使到了大学，其坚韧吃苦的精神和对事物豁达的看法，在比他们大几岁的同学里也算强的。

今年大学毕业儿子就选择了和同学爬恒山、华山、嵩山，游云岗龙门。全程自助，由他这个 18 岁的少年设计行程。这和当年在少儿班的锻炼是分不开的。这些经历让孩子们能静下来，坐得住，并具有自我控制能力。随着年龄的增长，这些优点和收获远大于早两年上学，甚至进入名校。因为在应试教育的压力下敢这么做的也只有八中少儿班了。

少儿班的经历对孩子而言是快乐为主。作为家长，真正让我感受到少儿班的影响是孩子在大学里的表现，孩子在大学能与年长自己几岁的同学友好相处，积极投入到很多事情中。这种感受是做家长的最大的欣慰。

感谢那段美好的时光

李卫红

我的孩子

2007～2011 年北京八中少 14 班学生
2012 年考入北京航空航天大学
（本文写于 2015 年）

题记：儿子在少儿班学习的四年，开了多少次的家长会我没统计过，但每一次参加家长会我都能深深地体会到老师们的一片赤诚之心！少儿班，是孩子健康成长最好的守护神。

儿子从北京八中少儿班毕业已经有几年了，现在回想起来，那仍是一段非常美好的时光。

儿子是在 2007 年考入少儿班的，那年儿子才 10 岁。接到录取通知书的时候，我们的心情还是蛮复杂的，既有兴奋也有忐忑：毕竟是经过了一试、二试、三试的重重考核才考进去的，差不多也是百里挑一吧，就凭这也值得兴奋！但 10 岁的孩子能不能适应新的环境，顺利完成学业还有待观察，这是让人忐忑的地方。

时间解开了一切疑问。

现在，回过头来看，你不得不佩服八中少儿班招生考试的科学性、严谨性。就儿子所在的少 14 班来说，全班 29 名学生全部考取了一本高校！

让适合这种教学模式的学生在这块园地健康快乐地茁壮成长不是一件快事吗？

其实最应该感谢的还是八中少儿班的老师们！没有这些辛勤的园丁精心地培养；没有他们无微不至地呵护；没有他们孜孜以求地引领；没有他们不厌其烦地教育；没有他们苦口婆心地劝导；没有他们没日没夜地付出，孩子们是不会取得如此好的成绩的！尽管孩子们天赋异禀。

那天，闲翻过去的记事本，偶然翻出了少儿班的家长会记录，信手翻看，别样滋味涌上心头。

2009年3月27日，家长会：

英语方老师：英语学习一定要熟读教材，在此基础上要认真完成作业。同时，一定要有一个词汇积累本，英语学习就是一个词汇积累过程。具体操作起来应该注意的问题有不同词之间的搭配问题，还有就是要掌握例句，没有做到的一定要补上。查不到书上的句子也可以自己造句，但一定要做出标记，以备老师在判作业的时候有所注意。每周一测查上周的内容，词汇、短语、句子都要落实到位。目前为止班上同学主要问题还在于积累不够，要增加积累。具体要求家长配合的是《新概念》要背课文、单词，要做练习；《空中英语》要认真听，做笔记，每月检测，下次检测是4月7日；报纸，要看，注意积累词汇，并做适当的摘要。

数学陈老师：上一次考试平均85.4分，情况一般，主要考查学生的思维能力，知识点不难。回去后家长一定要督促学生改错，这点很重要。说完考试，接下来说一说数学学习。学习数学一定要注意学习方法，要培养良好的学习习惯，要有一股不放弃的劲头，要勇于钻研。数学学习必须要学会思考，要学会严谨，还必须要坐得住，悟的感觉是提高的说明。在学习过程中，遇到不懂的问题一定要鼓励学生主动找老师，把问题解决掉，不要积攒。另外，学生在日常学习中，一定要首先完成作业，之后再考虑一些难题、偏题。最后强调一点，让孩子养成良好的习惯，会受用一辈子。

化学戚老师：本学期化学课少了，但一定要提醒孩子们不要对化学学习产生懈怠情绪。要注意培养孩子们的良好的学习习惯，摸索化学学习的规律。要知道学习是一个积累的过程，知识一定是有连贯性的，因此，不仅要学习掌握新知识，对已经学过的知识也要注意复习，这样可能保证知识的连贯性、整体性。具体来说，要注意做到：答题争取做到让不懂的人能够看懂；有问题一定要及时解决，问题就怕积攒，攒多了就成大问题了。面对困难要勇于进取。给家长提出三点要求：首先，要督促学生，了解化学学科特点；第二，要和孩子交流学习中的问题，争取把工作做在前面；第三，多和孩子沟通交流，坦诚交流，不管成功还是失败，都要坦诚交流。只有学生、家长、学校三方共同努力，才能造就好学生。

班主任王老师（也是语文老师）：先说教材，以人教版为主，北京版为辅。补充练习要加强文言文、基础知识的训练，咱们的孩子在这方面是弱项，一定要加强。不会做的一定要查一下，绝不能轻易放过去。将来考试时，基础知识这部分绝不能丢分。课外阅读，要引导孩子读一些好文章，精彩散文，在阅读的过程中加以思考，悟的过程很重要！另外，要注意引导学生学会调动已掌握的知识、材料用于写作，真正做到学以致用。关于班上最近一些事情，参加春季长跑，班级的成绩还是不错的，玩游戏，最近不少同学学习上有些分心，爱玩游戏，已经多次指出了，有些改观。最后，作为班主任给家长提几点建议，供参考：第一，一天做好一件事，要求孩子有点责任心，要学会对自己负责；第二，在可能的情况下，每周家长要倾听一次，听听孩子的想法；第三，如果可能，一个月和孩子长谈一次，良好的沟通对孩子的健康成长是非常重要的；第四，家中最好能有一个人多关注些孩子，这样孩子有了什么问题就会及时发现，及时解决，有利于孩子的健康成长。

合上本子，回味着记录下的老师们的话，端坐在教室里，认真听老师讲，认真做笔记的场景仿佛又出现在眼前。会议记录是不完整的，提纲挈领式的，但从中你完全可以体会到老师是何等用心地做事！何等用心地对待孩子！

这仅仅是众多家长会中的一次，儿子在少儿班学习的四年，开了多少次的家长会我没统计过，但我每一次参加家长会都能深深地会体会到老师们的一片赤诚之心！这才是孩子健康成长最大、最好的守护神和园丁。也是八中少儿班成功的关键！

但假如你就此认为少儿班的孩子只会学，只是一群爱学习的学霸那你就大错特错了！孩子们不仅会学，也爱玩儿，而且，在老师的引领下玩儿得很开心：自然体育！每个周五的下午半天。四年间，每个周末，老师都会变着花样带着孩子们去玩儿。锻炼体魄，锤炼意志，培养勇气，培养团队合作精神，而且，开心！

记得有一次，组织同学去北海划船。在学校里，学生们排好队，然后，体育老师在前面带领，中间是两名家长，队尾是一位家长，一行 30 多人一路从八中走到北海公园。租好船，老师按男女、个头儿、胖瘦分好组，孩子们欢呼雀跃地上了船，老师家长也分别上了船，跟在学生中间。为了锻炼学生，老师租的是老式的手划桨的船，孩子们还小，很少有人能同时划动两只桨，怎么办？合作。两人划桨，就需要协调，需要配合，那就商量着来吧。有人累了，要调换，在船上狭小的空间上，同样需要协调配合，弄不好就要掉到湖水里去了。虽然小，但孩子们表现得非常棒，玩儿得也非常开心！

如果你知道《让我们荡起双桨》那首歌，那你一定会体会到、感受到孩子们快乐的场景！等从船上下来，大多数孩子的衣服都被湖水打湿了，不少孩子的手被桨把磨破了皮。老师拿出提前准备好的创可贴要给孩子们贴上，孩子们纷纷表示："没事，没事，不用，不用。"然后，大家又从北海公园走回了学校。还有滑水冰；练习独轮车；骑自行车；打橄榄球；打羽毛球；学游泳；爬山、远足等等，等等。

少儿班不仅提倡学，也提倡快乐地学；孩子们在成长，也在尝试着学会担当、学会承担责任、学会团结协作、培养团队精神。孩子们不仅智商得到了充分地展示、提高，情商也得到了提高。现在回想起来，还真庆幸，当初选择了少儿班！细想一下，有些地方真的很绝妙：

其一：考试绝。经过三试考核保留下来的学生，不能说各个绝顶聪明，但确实各个是学习的料！

其二：学生绝。用四年的时间完成全部的初高中课程，并且能够取得相当不错的成绩，这不是一般孩子可以做得到的！更关键的是，没耽误多少玩儿！

其三：老师绝！也是最重要的一绝！少儿班的老师不仅业务精湛，而且，个顶个的责任心奇强！各个老师都把班上的每一个学生当成自己的孩子，任何一个学生出了问题，老师都会主动、及时地跟家长取得联系，及时沟通，帮孩子解决问题！而且，也不管是学习上的还是生活中的，只要发现问题，就会主动来管，没有分内分外之说，这才是少儿班学生能够取得进步和成功的关键所在！王素英、徐东良、王竹颖、张燕青、陈孟伟、戚江凡、陈爱峰、方虹、李云芳、刘云秀，还有教了一年就离开了的小高老师。

很庆幸，儿子在这片沃土中，在这些辛勤的园丁精心呵护、培育下，健康成长！

四年，仿佛一瞬间就过去了！因为日子是快乐的，每天孩子都向往着学校。那时的天空是充满阳光的；学校、教室是充满温暖的；老师是捧着炽热的爱心的，所以，日子就飞快地流逝了！

好日子总是过得很快，四年，真的让人留恋啊！

感谢少儿班！

感谢为少儿班无私付出的老师们！

感谢那段美好的时光！

打碎“天花板”的教育

徐朝晖

我的孩子

2008～2012 年北京八中少 15 班学生
2012 年考入北京大学
（本文写于 2015 年）

题记：少儿班的教育不是一个单一的理念或方法，它是一群人的教育实践，历经 30 年的传承与发展，形成了一整套模式，即使仅以一个孩子为例，也难以用一两句话说清楚。

我女儿于 2012 年从八中少儿班毕业，考入北京大学。在离开八中后的 1000 天里，我常在心里默默感恩，感谢少儿班对我女儿的教育，使她现在健步行走在大学校园里，学着自己喜欢的专业，内心充满阳光。但若要把曾经的种种感受落实到笔端、概括成文字，却不是一件容易的事。我想是因为少儿班的教育不是一个单一的理念或方法，它是一群人的教育实践，历经 30 年的传承与发展，形成了一整套模式，即使仅以一个孩子为例，也难以用一两句话说清楚。

一、打碎“天花板”，难能可贵

在人群里总有这样一些人，他们学习的时候比别人领悟得快一些，但这一特点，并不能保证他们的学习生涯顺利、愉快，相反，可能会给他们带来很大困扰。

在义务教育阶段，老师的职责是完成教学大纲，保证学生们一个都不落下，对这些很快就学会了的学生，实在难以时时照顾到。那么这些学生在掌握了授课内容、做对了题目之后，是怎样度过课堂时光的呢？有的人在老师的反复讲解中浮想联翩，思想开小差，最终养成了不专心听讲的坏毛病；另一些人在老师讲课时打岔、恶作剧，破坏课堂纪律，成了老师眼里的问题学生。我见过最开明的一位老师，在下课铃没响的情况下，允许两名早早做对习题的学生到教室外下棋。老师的苦心令人赞许，她既要保证少数学生不因束缚太多而厌学，更要保证自己能把精力尽可能多地用到那些需要帮助的学生身上。但如果校长看见此事会怎么想？她的这种做法，毕竟是非标准化的，难免受到质疑和否定。课堂讲解是这样，课程设置和课后作业也是如此。有的学校规定，小学生在四则运算中不允许用简便算法；一个学期的口算题难度都是一样的，次次全对也不能做更难的题目；语文试卷都有标准答案，与答案不同的表述，即使对了也不得分……

有没有一种教育，让每个孩子的学习能力自由发展，不受到人为的“天花板”的阻碍，不论他（她）进展得有多快，总有新的挑战可供选择，总有新的探索在前面等待；有没有一种教育，包容孩子们的个性，使每个孩子成长为更好的自己，而不是大规模生产线上的一个“产品”？少儿班给予的就是这样一种教育。

二、智育：拒绝生硬灌输

少儿班老师们的教学是个性鲜明的。不论老师坚持哪种教学风格，都是以渊博的学识为基础的，而且意味着时间、精力的超常付出。

有的老师喜欢启发式教学，在课上讲完例题就把其他题目全交给学生，让同学们自告奋勇上黑板解题，有了一个答案还问有没有其他思路，有没有更简便的方法。有的老师讲课功底深厚，短短一节课把需要掌握的要点全都讲透，还补充很多课外知识。有的老师要求很高但善于循序渐进，一篇作文往往要指导学生改好几遍才达到满意。有的老师强调练习的重要性，允许学生一做完习题就来要新题目，有时还根据学生掌握的情况单给某类学生出习题，给不足 30 人的班级判一次作业，要判六七种不同的题目。

有人指责少儿班的教育“拔苗助长”，以为老师们简单地把八年的教学内容强压给孩子们，让他们四年学完，挤占掉孩子们所有的玩耍时间，其实老师们在如何合理安排教学、如何提高课堂效率等方面下了很多功夫。除了最后一学期有晚自习之外，少儿班坚持假期不补课、放学不拖堂，把很多时间交给孩子们自己安排。

三、德育：绝不空洞虚无

少儿班注重培养学生健全的人格和正确的价值观，使他们受益终生。对少儿班的孩子们来说，怎样正确地看待自己、怎样处理好和他人的关系是人生的重要一课。从入学第一天起，少儿班就着重培养孩子们的责任感而不是优越感。作为八中高中部年龄最小的一群，他们在遵守校纪校规方面没有任何例外，而且要学会自我管理。每个学生在班上至少担任一个职务，组长、课代表等各司其职，每学期开始的时候，学生还可以参加班干部竞选，发表竞选演说为自己拉票。当一个学生希望同学们支持自己的工作时，他也会努力支持别人的工作，他们在潜移默化中学会了尊重他人，学会了感恩。经过这样的锻炼，少儿班的毕业生到大学以后，大多能参与一些社会工作。我女儿在大二的时候接任北大腰旗橄榄球协会会长。她把会长当得不像一个领导，而像服务人员，不论是订场地、发通知这种琐碎事，还是争取联赛名额这种难事，她都身先士卒。到后来，协会成员们半开玩笑地叫她“姐姐”，我想这是对年龄小同伴的一种很高的褒奖。

四、体育：绝不止跑跑跳跳

少儿班特别重视体育，独具特色的自然体育课是孩子终生难忘的宝贵经历。一般人可能认为，如果要四年学完八年课程，孩子们除了啃书本就干不了什么了，可是简单历数一下，我女儿骑自行车、骑独轮车、仰泳、划船、抖空竹、打腰旗橄榄球……全都是在少儿班的体育课上学会的，还养成了长跑锻炼的好习惯。她小学时体育成绩中等，到了少儿班却不由分说地爱上了体育课，上大学后所有体育课成绩都在 90 分以上，还在校运动会上拿了名次。体育课给予孩子们的绝不仅仅是健康的体魄，更重要的是锻炼了他们的毅力，提高了团队合作能力，培养了他们克服困难坚持到底的精神。所有这些都是在没有一句说教的情况下，让孩子们在活动中渐渐领悟的，可以说体育老师身教胜于言传。

五、谈谈对少儿班的偏见和误会

有人说少儿班损害了教育公平，其实，真正的教育公平是指受教育的机会均等，而不是教育的方式、内容一模一样。如果植物的种子千类万种，高明的园丁绝不会试图把它们种植得如麦田般整齐划一，而是依据每种植物的特性提供生长环境，栽培出错落有致、姹紫嫣红的一园美景。许多发达国家都有专门针对超常儿童、青少年的教育机制。在我国，孔子提出“因材施教”，按说起步够早的，但是从古至今都不断有各种版本的“伤仲永”遗憾。

少儿班在质疑声中坚持了30年，培养了很多优秀毕业生，使很多“小时了了”的人冲破了“大未必佳”的魔咒，使很多“淘气大王”“问题学生”长大后令人刮目相看。但是，所有成绩的取得都是学校、老师、学生、家长共同拼搏的结果，可以说是只有受益者没有受害者，不公平又从何说起？

有人说少儿班夺去了孩子们的童年，这可不能妄下断言，“子非鱼焉知鱼之乐也”，还是等孩子们成年后自己来评价吧。我所看到的是，孩子们很快乐。回忆起中学时光，他们也许会想起爬泰山、下矿井；在五大连池吟诗，在应县木塔作对……当然，学习压力是很大的，但不论在哪个中学读书，学习压力都难以避免。少儿班老师所做的，不是减少学业的数量，而是引导学生享受学习的乐趣。孩子们对少儿班的感情是不言而喻的，已经毕业了，还把少儿班当家一样，一放假就想方设法回去看看。在大陆、香港和国外上学的孩子们放假时间都不一样，为了多见几个同学，他们一个假期通常要费尽周折地聚会好几次。连家长们都在四年里结下了深厚的友谊，不仅成立了微信群互相支持帮助，还自费聚餐，坐到一起就跟亲人似的总有聊不完的话。

写这篇感言的时候，我的第二个孩子刚出生几个月，还在襁褓中。我当然希望她将来能有幸考入少儿班，接受高水平的教育，但这是可遇不可求的。我不如现实一点，希望少儿班的教育模式发扬光大，推广到更多学校，招收更多学生；希望教育资源日益丰富，给每个孩子足够的成长空间。

六、一点建议

加强文科教学，配备最好的文科老师，尤其是历史课。虽然文科的学习应该是伴随终生的，但需要中学老师为学生搭建一个好的框架，提供一些看问题的角度和思考问题的基本方法。

在毕业前传授一些生存之道，让孩子们更快地适应大学生活。比如以系列讲座的方式，请校友们谈谈怎样和大自己四五岁的同学们相处；大学里哪些学习方法需要改变；怎样提高自理能力和处事能力；怎样管理金钱等。

因材施教和素质教育实践的典范

子非鱼

我的孩子

2008~2012 年北京八中少 15 班学生
2012 年考入北京理工大学，2014 年分别转入美国北卡罗来纳大学教堂山分校和密歇根大学
（本文写于 2015 年）

题记：刚上少儿班的时候，我的同事曾经好心提醒我：“你两个孩子都上少儿班，他们学得那么快，肯定需要家长做好多事，你工作那么忙，还能上班么？”我心里直打鼓，不知道孩子们能不能适应，不知道我们家长能不能适应。怀着忐忑的心情，我们全家开始了少儿班的生活。

我的双胞胎儿子是 2008 年考入北京八中少 15 班的，转眼间孩子们上大学已经快三年了，可少儿班学习生活的点点滴滴仿佛就在眼前。

还记得 2008 年的春天起，儿子经过初试、复试，进入住校试读选拔阶段。试读快要结束的一天，学校通知我和孩子的爸爸来面谈。赵大恒老师和张燕青老师等非常随和、亲切，向我们了解家庭情况、孩子的成长经历，并介绍了八中少儿班的办学经历和办学理念。老师们希望因材施教，促进孩子们健康体魄和独立人格的形成，培养孩子们自我管理、自我学习和团队合作等方面的能力，提升孩子们的整体素质，等等。我们深深认同这样的理念。特别是老师们说的“少儿班的孩子毕业时体育要达到同龄孩子的优秀成绩”很深刻地打动了我们，想想孩子们不管学习成绩怎样，有一个好的身体也值了。回去后我们又征求了孩子的意见，他们俩都毫不犹豫地选择了少儿班。作为家长，我们尊重他们的选择。

一、风雨无阻的课后跑步

刚上少儿班的时候，我的同事曾经好心提醒我：“你两个孩子都上少儿班，他们学得那么快，肯定需要家长做好多事，你工作那么忙，还能上班么?”我心里直打鼓，不知道孩子们能不能适应，不知道我们家长能不能适应。怀着忐忑的心情，我们全家开始了少儿班的生活。

出乎我们的意料，少儿班第一年和儿子在小学时差不多，下午四点多就放学了。但是与过去不同的是，每天放学后，所有学生都要去操场跑步锻炼身体。作为家长，我们关心孩子的学习成绩，但也深深知道健康的身体对孩子们的意义，特别是少儿班的孩子——他们要在四年的时间内完成通常别人八年的学业，没有一个好的身体是万万不行的。当每天跑步成为习惯，他们的体质也越来越好，在四年的时间里很少感冒、发烧，这也使得他们能健康的成长、愉快的学习。

二、别具一格的自然体育课

刚上少儿班的时候，少儿班的体育老师就讲，我们每周有半天的自然体育课，不希望家长们利用自然体育课的时间请假带孩子看牙、配眼镜等等。少儿班的自然体育课的确值得其他孩子羡慕。正是在这每周半天的自然体育课里，孩子们抖空竹、骑独轮车，冬天游泳、夏天滑冰；正是在这每周半天的自然体育课里，孩子们长安街上10千米快走（从石景山回到学校）、到北海公园泛舟、在玉渊潭打雪仗、去八大处赏秋；真的在大自然中自由自在的享受。我曾经和他们一起十千米快走，从石景山走回学校，当我大汗淋漓，双腿像灌了铅似的一步也不想走的时候，他们却打打闹闹、有说有笑，友爱互助、轻松愉快地回到学校。这是长期锻炼的结果。自然体育课不仅使孩子们在学习之余放松了身心，亲近大自然，也锻炼了他们的意志和品质，培养了他们的团队意识和合作精神。

三、负责任有担当的老师

少儿班的老师是一个年富力强、充满朝气的团队。每个老师都是各自课程的高手，每个老师都有自己的个性和特点，但他们共同的特点是爱孩子、负责任、敢担当；他们既有相当的经验，但也绝不墨守成规；他们不是按部就班，而是不断摸索适合少儿班孩子的教育方式和模式。比如，针对孩子们思维活跃但容易眼高手低的特点，课堂上鼓励他们大胆发言，提出自己的见解甚至撰写论文；课后不是简单地重复而是抓落实，牺牲自己的午休时间，一个一个孩子背课文、订正错误，等等。

当今的社会，每个孩子都是各自家庭的宝贝。很多的中小学校都不安排或尽量少安排学生的校外活动，学校和老师会有顾虑，不愿意带孩子们出去，怕出意外，怕担责任。但八中少儿班的老师却很勇敢。自然体育课基本都要出校外，有一次少儿班的孩子们骑自行车从学校到颐和园，且不说路途遥远，路上有行人、汽车，路况复杂；就是每个十字路口，一次绿灯，浩浩荡荡20多人也不一定能一起穿过呀，毕竟孩子们只有十多岁。但在老师精心组织、安排下，他们不仅安全骑到了颐和园，游览了公园，然后安全骑回了学校。看着他们满是汗水的笑脸，我由衷地敬佩少儿班的老师们。

每个假期，少儿班的老师都要组织孩子们到外地甚至国外游学一次。记得上少儿班第二年的时候，老师带孩子们去爬泰山。每一个孩子都是从山脚下爬起，而每一位老师也是陪着学生从山脚下爬起，还肩负着孩子们的安全。说老实话，我们家长都不一定有勇气陪着自己的孩子登上那令人眼花的台阶。更何况老师们有的关节不好，有的年纪也不小了，有的老师带着学生已经爬过多次了。我想，支撑他们的力量就应该是他们对孩子们的爱、他们的使命和责任。

四、自己的事情自己做主

常有朋友和同事问我，少儿班的孩子比别人少学那么多年，一定要上好多辅导班吧，会不会揠苗助长呢？每次听到这些，我都会淡然一笑说，别人家的孩子我没有发言权，自己的孩子还是了解的，没有上外面的辅导班。记得儿子上少儿班后第一次物理考试，成绩不好，我们也蒙；毕竟从上学以来我们没有为儿子的学习操过心。分析原因，主要是现在比小学的知识难度深了，进度也快了，但他们的学习方法和状态还没有调整过来。问儿子要不要上个课外班找个老师补补，他们都拒绝了。我想我们家长要调整心态，不要急于求成，给他们时间适应。同时也和他们沟通，让他们明白自己已不再是小学的状态，要主动调整，紧跟老师的节奏。随着时间的推移，他们在老师的帮助下，很快就适应了少儿班的学习。从此，四年的少儿班学习中，儿子一直是在老师的带领下独立的学习，从不依赖我们帮助完成任何学习上的问题，作为家长我们更多的是给予他们生活上的保障和精神上的沟通与鼓励。

转眼到了考大学报志愿的时间，我有些犹豫，希望儿子报得更加稳妥一些。但儿子坚决要求“自己的事情自己做主”。我们家长商量了很久，最终决定尊重儿子的意愿。他们虽然年纪小，但是他们敢于做抉择、敢于选择，在人生的道路上想要遵从自己的内心，应该受尊重。我们可以引导说服但不能强迫。对与错、成功与失败，选择了就要承担后果。虽然最后，他们距离自己的理想一步之遥，但我看到他们通过这件事情成长了许多，也明白了人生并不都是坦途。

在国内上大学一年级后，儿子们说想转学到美国读书。刚开始我们担心年纪小，没有生活经验，怕适应不了；可儿子们很坚定并且开始积极准备。经过努力，在大二结束前办好了到 University of Michigan - Ann Arborh 和 University of North Carolina - Chapel Hill 的转学手续。巧的是，我有同事正好在同一所大学（UNC）进修，我赶紧托同事帮忙照顾一下孩子。同事欣然同意，还责怪我说“你可真行，让才 16 岁的孩子直接上大三，你想累死他啊?”我也忐忑不安，谁知同事见了孩子后赞许，“你的儿子非常独立，沉稳，做事很有主见，放心吧，他不需要我照顾，他自己没问题。”事实证明确实如她所说，一个学期下来，两个孩子都取得了优异的成绩，也完全适应了美国大学的生活。

五、真挚的情感和深深的友谊

八中少 15 班 20 多个孩子共同生活学习了四年，结下了深厚的友谊。特别是毕业上大学之后，分开了更凸显同学之间深深的友谊，以及与少儿班及老师们的真挚的情感。每个假期，同学们总要相约回八中相聚和看望老师。

2013 年的“十一”期间，我们陪孩子们到香港考 SAT，考完后他们就告诉我们不用管他们了，他们要和在香港上大学的少 15 班同学聚聚。同学会到酒店接他们，然后再集合一起活动。晚上一直到 10 点多，他们才兴高采烈地回到酒店，看得出和同学聚会格外高兴。

我曾经好奇地问起儿子，怎么想起来要转学？他们说是在国外上学的少儿班同学的建议，他们和同学讨论后采纳了建议。到了美国后，离家远了，情感更浓；学校放秋假一星期，宿舍关闭了，按照美国的法律，儿子不到 18 岁不可以自己订酒店住，我们有些担心孩子怎么办。他轻松地说去找少儿班的同学，就住在他的宿舍。同学到机场接他，课余两个同学还陪他参观游览，热情地尽地主之谊。我们家长听说后心里都升起一股暖意。

少儿班的经历虽然只有短短的四年，但对我们全家却是独特而又重要的经历。经过这四年，儿子培养了独立学习独立思考的能力，从不依赖任何人完成学业；遇到问题不慌张，自己动脑解决问题；培养了自信乐观的心态，遇到困难不退缩不沮丧，等等。我深深感受到，八中少儿班正是因材施教和素质教育的典范。

我也真心祝福八中少儿班越办越好！祝福每个少儿班的孩子都能依靠自己的努力，过自己想要的生活！祝福老师们健康幸福快乐！

少儿班是孩子们的家

紫　荆

我的孩子

2008~2012 年北京八中少 15 班学生
2012 年考入清华大学
（本文写于 2015 年）

题记：我国是一个教育大国，但还不是一个教育强国。我们不缺万人规模的教育工厂，也不乏军事管理的教育航母，应试名校更是比比皆是。我们稀缺的是因材施教、以人为本、德智体全面发展的人才教育。从这个意义上讲，八中少儿班堪称素质教育的一片绿洲。

我的孩子从八中少儿班毕业已经好几年了，但少儿班还是孩子们的家。一有机会，孩子就回母校，无论有高兴的事还是伤心的事，都愿意与老师沟通和分享。少儿班老师们像对自己的孩子一样爱护和教导学生，多付出了很多心血，所以他们的师生关系比其他学校或班级更亲密。

如果时间可以倒流，世事可以重来，我们依然会选择让孩子上少儿班。我们的选择如此的坚定，不是因为孩子是天才儿童需要特殊培养，也不是非要孩子上清华北大需要名校名师的帮助，而是少儿班模式对一部分个性化的孩子来说，是最合适的教育。尤其是在当下我国教育体制还不完善，应试教育和功利性教育还无法避免，创新性教育还明显不足的情况下，少儿班模式是一种有益的尝试和探索，是我国教育制度具有自我完善能力的一种表现，也是教育改革的一个重要部分。因此，特别需要关怀、支持、包容和谨慎对待。

少儿班在较好完成教学任务和努力提高教育绩效的同时，更关心注重孩子们的全面和长远的发展。以下事例可见一斑。

孩子在加入少儿班以前参加海淀体校的游泳训练两年。本以为进入少儿班以后，学习任务重不会再游了。没想到老师们不但没反对，反而支持他继续游泳训练。老师们认为，孩子们身心健康最重要，学习靠效率，不差锻炼身体这点时间。我们很欣慰地看到，孩子在少儿班期间没熬过夜。游泳也成为孩子的特长，进入清华大学后成为清华大学游泳队的一员，多次代表清华大学参加北京高校游泳（甲 A 组）比赛并获得名次。

体育锻炼远比其他学校学生多。除正常每周三节的体育课外，少儿班每周还有半天时间的自然体育课——那是孩子们的最爱。孩子们在自然体育课上滑冰、游泳、骑自行车、远足、爬山等等，虽然占用了每周半天的教学时间，老师们承担了更大的责任，孩子们却收获了最自然、也是最好的全面教育。

行万里路与读万卷书同等重要。少儿班学制虽短，可每学期少儿班老师都带领学生外出旅游。孩子们在少儿班期间去了庐山、黄山、泰山、恒山、内蒙古等地。实践就是最好的学习。少儿班先进的教育理念在国内是少见的，在国际上也是领先的，让我们家长心服口服。

少儿班的学制缩短了，教育却延长了。每年的腊月二十八日，孩子们纷纷回到母校，已成为少儿班的一个固定节日。少儿班对孩子们的教育跟踪和关心，不仅延伸到大学、研究生和博士生，甚至到工作，或许能到终身。这才是世界上最好的继续教育，终身教育。

我国是一个教育大国，但还不是一个教育强国。我们不缺万人规模的教育工厂，也不乏军事管理的教育航母，应试名校更是比比皆是。我们稀缺的是因材施教、以人为本、德智体全面发展的人才教育。从这个意义上讲，八中少儿班堪称素质教育的一片绿洲。

在少儿班成立 30 年之际，我们由衷地希望少儿班能长长久久地办下去，为更多适合超常教育的孩子们提供因材施教的环境。祝福少儿班越办越好！

鼓励独立思考、与众不同与创新

胡铃羚

我的孩子

2008~2012 年北京八中少 15 班学生
2012 年考入香港中文大学
（本文写于 2015 年）

题记：我的孩子算不算“神童”？我至今不敢肯定。少儿班似乎有一条不成文的规定：孩子的智力水平永远不让外界知道，包括孩子的父母。老师总是说：“你能考进来，已经说明你优秀。将来能够怎样，主要不是靠你的智力因素，而是要看非智力因素。”

记得四年前我的孩子报考少儿班时，专门从事超常教育工作的老师说，智力超常的人大约占到人类整体的 3%，北京八中少儿超常教育实验班在北京市的孩子中选拔出来的只是其中很小的一部分，宗旨是尝试一条对超常儿童因材施教、促成其早日成才的教育路子，所以这里是“教育实验班”，因此初上少儿班时家长还是心有忐忑的。

我们的孩子算不算“神童”？我至今不敢肯定。少儿班似乎有一条不成文的规定：孩子的智力水平永远不让外界知道，包括孩子的父母。老师总是说：“你能考进来，已经说明你优秀。将来能够怎样，主要不是靠你的智力因素，而是要看非智力因素。而且，非智力因素的培养要靠学校、家庭和学生本人共同来努力。”

我的孩子刚入校时曾经跟不上，我征求过他的意见：“咱们转学吧？这样可以学得很轻松。”他坚决地拒绝了，因为他已经喜欢这种挑战性强的学习环境，喜欢这里的老师和同学。后来在各科老师的帮助下，教他如何听课、如何做笔记、如何自学，使他建立了自信，具有不断经受挫折、从困境中走向成功的磨炼精神，而对一个人的成长来说，还有什么能比永不言败、永不放弃更重要的呢？就像他的自我评价："在学习上，我勇于钻研，乐于钻研，越是久攻不下的问题越能激发我的斗志；我善于培养学习兴趣，针对不同学科培养不同的兴趣点。"

孩子在少儿班最大的收获还有专注。"对于孩子，重要的不是告诉他怎么做，而是告诉他为什么要做，既然做就要专注地达到自己的目标。"这是这几年他的班主任王素英老师常说的话，这种精神一直伴随着他现在的生活。在考入香港中文大学后媒体对他的报道就写道，他认为并不比其他人更聪明，只是学习时特别专注，休息时能充分放松，合理利用自己的大脑。同时，老师们多次告知孩子，上学考试只是一件表象，真正重要的是做人，我记得老师说过："咱们班的孩子，不光要学习好，将来可以在学术界有一席之位，还要各个方面优秀，站在讲台上，不光思想睿智，还要气宇轩昂、仪表堂堂；向大家展示的不仅是我的学术才华，还有明察秋毫、能文能武、多能多艺的本领，也许对于中国的知识分子，这才是更重要的吧。"

正是因为少儿班的种种教育方式，真正做到了因材施教，体现了孩子的特长，"鼓励独立思考，鼓励与众不同，鼓励创新"，让他们在保持专项特长优势的基础上，加强通识人文教育，锻炼体魄，真正做到劳逸结合，能够使他们在 14 岁的年龄很快乐地融入大学生活中，并在进一步科研的路上前行。

我的孩子在少儿班的四年收获特别多，他获得的不仅仅是课本上的知识，更多的是无形的。经过这些年，家长对少儿班的种种顾虑均云消雾散，通过家长的观察，我的孩子在少儿班是快乐的。他从小就喜欢看一些科教知识，对于娱乐性动画片兴趣不高，进入这里正是符合他的兴趣。而且在这里，他获得了学习的快乐，真的是在享受学习，每每看到他对科学的那种喜爱，看到他心无旁骛专注地解一道道难题时，看到他快乐地弹奏喜爱的钢琴时，就像看到了中国一代又一代知识分子对知识的渴望，这种为了心中梦想去执着追求的精神，正是少儿班的教育理念所给予的。

是的，孩子未来的路还很长，将来是否能够做出"贡献"，能否成为"专家型领军型人才"都是未知数。但是家长以为对于他，能够按照心中的理想不断努力，快乐地前行就足够了，这才是教育的真正目的吧。

四年历练之后

韶 昀

我的孩子

2008~2012 年北京八中少 15 班学生
2012 年考入北京大学
（本文写于 2015 年）

题记：大学的三年中从校学生会、院学生会，到钢琴社、橄榄球社都活跃着他的身影。少儿班四年的历练，使他不仅在学习上自觉、在生活上独立，而且在社会工作等各方面都有较好的发展。

一晃，孩子离开八中少儿班已经三年了。与少儿班的交集，点点滴滴时常还在眼前：初试时的队列，复试的准考证，试读时的联欢会演出，历历在目。

当初从朋友那里拿到少儿班的招生简章时的想法非常简单：就是那里有一个全市优秀学生的考试，不为别的就是想去试试，想看看儿子到底排在什么位置，一切都为了小升初嘛！

初试，孩子兴奋地从考场出来：妈妈，我能进复试。我呵呵一笑：好，你进复试。复试，孩子出来后的一声叹息：“终于结束了。”我说：“是呀，结束了。”可孩子一脸的严肃，坚定地对我说：“不，我是说复试结束了，我能进试读，一定能。”我再次一笑：“好，你一定能进试读。”

当时的心情是轻松的、玩笑的，因为根本就没有想过少儿班能和我有什么真正的联系……没想到的是少儿班真的成为孩子生命中扬帆起航的重要起点，这里见证了他的成长及成长路上的酸甜苦辣。

记得刚进少年班时孩子是兴奋的，我却是揪心的。一年级第一学期末考试结束，孩子们兴奋地统计着排名，儿子却在 20 名开外了。第二学期末虽然略有进步，但也排在了后三分之一处。说实在的，没有人知道我的心在流血，我在后悔，如果当初我不给孩子报名参加少儿班考试、如果当初止步于复试，如果我坚持不让孩子来少儿班报到……我在犹豫，这么好的孩子（数学竞赛最好成绩北京市第七名）送到了少儿班却不适应，我真的不敢往下想。二年级孩子的成绩在三分之一中波动，好在还有向上的趋势，但我紧张的心也还一直揪着。三年级孩子在前五六名波动，三年级结束摸到了第二名，孩子的成绩趋于稳定。就这样一步一步地走过了少儿班的四年，走过了夏令营，走过了一模、二模，走到了北京大学。

回想孩子在少儿班的四年，我从揪心到安心是跟少儿班的教育理念分不开的，讲两个小故事吧。

三年级的下学期，孩子又换了班主任，由教语文的王素英老师担任。说实在的，少 15 班，因为各种原因换了好几任班主任，频繁地换将让家长忐忑的心更加忐忑。少儿班的孩子们最让家长担心的是文科的课程，特别是语文，每个家长的心都是提在嗓子眼里的。

自从王素英老师接任少 15 班后，她从少儿班的弱项出发，对孩子们的每篇作文要求人人面批，一批、二批甚至三批四批，使孩子们的作文成绩得到迅速提高。一月之后的家长会使我对王素英老师迅速的产生了信任，之所以说迅速，其实就源于一段很短的对话。现在的家长最关心的是孩子的学业，每次和老师谈话无外乎都是，是否认真听讲？是否问老师问题？等等。记得那次，我例行公事般问王素英老师“我家孩子怎样”时，王老师说：“很好呀，我觉得这孩子非常厚道、非常宽容……”继而给我讲了关于儿子的几个小故事。就是通过这次对话，让我感到了王素英老师对少儿班的孩子非常了解，对少儿班孩子有着无限的爱。她用她独特的视角去观察孩子，不仅从学业上同时也从思想上、品质上去了解、去发现、去引导、去教育孩子，使少儿班孩子们从智商到情商，从学业到社会责任感，一步一步由一个台阶飞向另一个台阶。

四年级第一学期末在完成高考报名之后，孩子突然不读书了，我知道孩子压力大，但苍白的语言也劝说不了孩子，我束手无策。一天孩子放学回来突然对丢了两年的钢琴来了兴趣，之后的一周，每天练琴少则一小时多则两三小时。我有点着急，儿子咱们不搞专业呀。后来儿子告诉我，同学们说他在他们班的钢琴水平最高，可同学们从来没听他弹过钢琴，同学们就把他架到音乐教室了……感谢少 15 班的孩子们，由于他们的鼓励，不仅使儿子捡回了丢掉多年的钢琴，而且使儿子在高考前有了一个发泄压力的出口。从此，孩子的学习更有效率、更有信心。

四年级开学摸底考试，孩子成绩不错，班里排名第二，之后虽然略有微动，但一模又稳稳地站在了班级第二名、年级第六名、区 50 名的位置。虽然成绩不错，但孩子和家长们心里却不敢放松。少儿班请来了北大清华的招生老师对孩子们做招生辅导，对孩子的实力和成绩进行分析……一晃四年的少儿班生活就结束了，孩子从一个懵懂的、不谙世事的顽童成了一个以优异成绩考入北京大学的优秀学生。

如今，已经 1.82 米的儿子已经是大三的学生了。大学的三年中从校学生会、院学生会，到钢琴社、橄榄球社都活跃着他的身影。少儿班四年的历练，使他不仅在学习上自觉、在生活上独立，而且在社会工作等各方面都有较好的发展。在他的成长过程中包含了少儿班老师多少的心血已无从计量，但是，在孩子和我们家长心中的那份感激却是永远的。

优秀的教育带来取之不尽的精神动力

邬国庆

我的孩子

2009~2013 年北京八中少 16 班学生
2013 年考入北京大学
（本文写于 2013 年）

题记：在当时的教育环境下，作为家长的我们，期望很简单：高分、全能、考上重点大学。然而，少儿班承诺的却是一种不同的教育模式。

2009—2013 年，我的孩子在八中少 16 班学习生活了整整四年。对于这段时间我们实在有很多的感慨，却不知从何说起。

八中少儿班在许多人的心目中是个神秘的集体。有人说考上的孩子都是幸运儿，也有人说不该让那么小的孩子失去“正常”的教育机会来冒险。诚然，在当时的教育环境下，作为家长的我们，期望很简单：高分、全能、考上重点大学。然而，少儿班承诺的却是一种不同的教育模式。

劝孩子来考的主要原因是可以先过了小升初这一关。第一年初试没过，第二年又来。参加复试的前后，我们才开始仔细研究少儿班的情况。也就是从这时起，孩子对少儿班从好奇到渐渐喜欢和向往了。

四年的学习生活，我们看到儿子各方面的变化可谓是翻天覆地。最大的收获应该是学会正确认知自己，懂得一分耕耘才有一分收获。

他从小在身边人的称赞中长大，毫不费力就应付了学校的功课。但是进入少儿班之后，同学们都是各个学校的尖子，第一学期的考试就是班上倒数第三名。虽然老师一直安慰说这名次不要紧，孩子还是承受了不小的压力。我们也不知道怎么帮他才好。偶尔劝他几句，他总是很悲观：“我很努力了，可别人也不停进步，我怎么追得上呢!”特别是英语，由于只有小学那点基础，没有特别强化过，刚入学的时候，和同学有很大差距。很久之后他才告诉我们，当时在课上同学们用英语讲自编的笑话，全班都笑，只有他不笑，因为听不懂。但就是这样，老师们仍然都在鼓励他。每次开家长会，当听到各位老师用他们的爱心发现孩子们的点滴进步时，真的很感动。我对儿子说，你就好好按照老师的要求去做吧，没问题的！其他不说，就只是听“空中英语”这一项，不知道老师用的哪样手段，竟然让如此毛躁的孩子在家里每天自己安排完成，几乎没有间断过。这四年坚持下来就成效显著，到高考之前英语能够稳定在 125 分以上，这是以前想都不敢想的。随着在班上的名次一点一点提高，他品尝到努力的结果，并学会客观地评价自己。每当看到他眼中又增加的几分自信，或者听到他对其他同学由衷的赞扬，我都很庆幸孩子加入了这个集体。

孩子 15 岁就要完成高中学业，踏入大学校门，对他来说确实是一个挑战。少儿班的孩子们接受能力、记忆力都很强，学业的问题还好克服，但是心智尚不成熟这一项就似乎是无法逾越的障碍，因为那是要靠人生阅历和时间的积淀才能完成的。但这就是他的人生，必须自己学会去面对。在这方面学校已经积累了一整套丰富的经验，帮助他们这一群“独特”经历的孩子尽快适应并成长起来。还记得每到假期，班主任翁老师都会推荐精心挑选的课外阅读书单给他们，采集人类精神的宝贵火种来唤醒他们的心灵，可惜我们真正读过的只是一少部分。还有例行的自然体育课，长距离的徒步锻炼；很多个假期，老师们不辞辛苦领着这些淘气的孩子到全国各地去社会实践，远到美国的游学之旅……短短四年的时间，孩子已从一个满脸稚气的儿童成长为翩翩少年。学习时间的压缩，也浓缩了欢笑和泪水。在少儿班 14 岁生日仪式上，看到孩子们闪亮的双眼，读到儿子的“青春宣言”，怎能不令我们感慨万千！

回想考上少儿班这件事，对孩子来说确实是幸运的。借助这样一个平台，孩子享受到如此优越的教育条件，给他的一生带来取之不尽的精神动力。直到最近，还有家人在问孩子是不是很适应，过得如何？当儿子很坚决地回答这里很适合他，这四年他很开心的时候，我们很欣慰。另一方面，我觉得作为家长的收获更大。这四年也正是我们工作十分繁忙的时期，关心孩子的时间远远不够。少儿班的老师们可以说既是老师又是家长，为孩子们付出的精力远非一般中学老师可比。要不是得遇这样的机会，孩子的教育程度肯定要大打折扣。还有这里有着很高素质的家长，让我们学到很多宝贵的教育经验。家委会的成员完成了大量的沟通和服务性工作，和他们比起来，我们做父母的倒成了甩手掌柜了。

在少儿班的四年，孩子们寂寞寒窗、脱胎换骨；这四年，也是我们人生中最最美好的时光。时间的流逝就仿佛风掠过耳畔，留下点点滴滴的印记和如丝如缕的感受交织在记忆中。

如今，孩子已如雏鹰离巢，各自飞向广阔的天空了。不管今后要面对怎样的风雨，我们永远不会忘记生活在少16班的每一天。

感谢恩师！感谢少儿班！

祝福每一个孩子！

金融街那个带空中操场的校园

马子惠

我的孩子

2009~2013 年北京八中少 16 班学生
2014 年考入美国加州大学洛杉矶分校
（本文写于 2015 年）

题记：当儿子被八中少 16 班录取后，我们反倒犹豫了，并试图说服他慎重考虑。儿子生怕我们阻止他，很少落泪的他在我们面前掉了好几次眼泪。最后我们尊重他的选择，儿子如愿以偿地上了八中少儿班。这是我的孩子在人生中第一次独立做出的重大选择。

记得儿子上小学四年级的时候，突然有一天回来特别认真地跟我说：“妈妈，我不想上小学了，你帮我找个中学，我要去上中学。”正在紧锣密鼓地给儿子规划小升初占坑班的我着实吓了一跳，连忙问为什么？第一个闪出的念头是儿子和学校老师闹别扭了或者是碰到什么困难挫折了。“我不乐意老师总在讲我会了的东西，还让我们一遍遍地写！”儿子一脸无奈地说，并表达出强烈地抗拒。一看小小年纪的儿子起了二心，不安心学习，我一下子紧张起来，连忙以“不上完小学上不了中学，现在没有跳级上学的模式”等理由想尽快灭了儿子“出轨”的心思。不想，没过多久，儿子又跟我重提这件事，而且频次越来越多，态度也越来越坚决。他甚至表达出若不帮助他解决这个问题，他就不去学校上课了，要在家里自学的想法。我十分头疼，却又没有什么好办法能劝服儿子，解决他的渴求。后来不经意间知道北京八中有个超常儿童实验班，招收四、五年级的学生，就想让儿子参加选拔考试试试看。虽然我们并不认为儿子是超常儿童，但不管结果怎么样，就只想通过尝试让他知道自己到底有多少实力，以便能正确定位自己的路，而不至于好高骛远。这时候，我们家长自认为少儿班这件事遥不可及，心里还是比较超然的。

然后，我替儿子去报了名，考试入场和结束地点都设在八中高中部的空中田径操场。儿子初、复试出来时，每次都特别兴奋，眉飞色舞、不厌其烦地给我们描述各种奇特考题，完了还高度评价八中的空中操场是如何少见和先进等等，赞誉之情溢于言表。那一刻，我意识到儿子是深深地喜欢上了大气、恬静的这里，并渴求能够被录取。为了这个梦想，在试读期间，原本早晨起床得叫好几遍、不拘细节的儿子听说居然联络同宿舍的学友在清晨6点多就起床背诵古文！

而当儿子试读通过被录取后，我们家长反倒是犹豫了，担心儿子去了不适应，跟不上，影响了其自信心，并试图说服他慎重考虑。儿子生怕我们阻止他，很少落泪的他在我们面前掉了好几次泪。最后我们尊重他的选择，儿子如愿以偿地上了八中。这也是孩子人生中第一次独立做出的重大选择。

四年的学习生活，有欢乐也有烦恼，孩子得到了长足的发展。我们家长也随着孩子在少儿班的生活收获了宝贵的心得和体验：

不作一刀切，能跑多远就跑多远的宽松教学氛围；鼓励、鼓励、再鼓励，充分信任的人性化教学方式，使得班上的孩子树立信心；多样化的发展，最终高考取得了优异的成绩，也使得儿子没有后顾之忧地按自己人生目标选择了出国留学之路。

不唯分数，高尚情操、远大志向、社会责任感的引导培养，使得少儿班孩子稚嫩思想耳濡目染了许多有深度的思考和实践。儿子在二年级参加班级组织的山东曲阜孔庙的历史文化游历实践时，发现孔庙各景点的英文介绍和中文意思对比起来不准确、不全面，就用相机把这些介绍一一拍下来。回到北京后，照着图片，利用课余时间结合他在学校学到的历史文化知识，重新把这些介绍翻译了一遍，并按照官方网址公布的邮箱把翻译结果发了过去。当地旅游局收到后非常惊喜，将相关内容进行了更正，并致信儿子十分感谢这位特殊的外地游客。儿子的观点是，孔庙是中国宝贵的历史文化资源，应该让到那去浏览的世界各地的人们对中国历史文化有一个准确、完整的认识。即使是在忙碌的留学申请阶段，儿子也坚持抽时间帮助中国盲人图书馆翻译外文文献，并一直到北京志愿者协会工作。他被选为活动唯一的翻译全程陪同联合国志愿者组织官员访华，帮助协会策划、推进与联合国志愿者组织项目合作事宜。因为儿子认真负责的态度、良好的专业素质及得体的言谈举止表现，获得了北京市十佳志愿者的荣誉称号，并让团市委领导发出了“我们就需要多一些像你这样的志愿者”的由衷感慨。这正是翁老师“国家和学校拿这么好的资源培养你们，你们以后拿什么回报社会和母校?”润物细无声的人生观、价值观启迪的影响。

不怕失败，勇于尝试和拼搏，使得少儿班孩子身上有一股初生牛犊不怕虎的劲。记得当年正准备高考的儿子突然做出要出国的决定时，我们家长着实慌了，看着他心意已决、精力分散的状况，在纠结时间根本来不及、怎么打消他这突如其来的想法时，少儿班老师给了很大的鼓励和支持，“让孩子去试试吧，毕竟是他的梦想，即使失败了又怎么样，孩子年龄小，可以重新调整再来过嘛”张燕青老师和翁莉老师都给我们鼓劲。在老师的鼓励下，我们家长终于放下了思想包袱。和那些准备有数的竞争者相比，儿子从不知道如何下手到紧锣密鼓地参加心仪学校 summer school 并获得知名教授推荐，到挑战香港金融大赛并获得特等奖的日夜挑灯拼搏过程中，我们看到了少儿班这几年给予孩子独立思考、勇往直前的精神培养。如今孩子在外学习每天都很忙碌，也少不了吃苦，但他认为当初的选择是最适合他自己发展的，如今他在学校里如饥似渴地求学，并不断地在思考和调整他未来的方向。虽然成绩一直名列前茅，但他自己还总是不满足，总想利用开放式的学习环境涉足更多领域的学习，最大程度充实自我，以增加步入社会的含金量。当然，儿子离成才还有很长的路要走，但少儿班倡导的这种不服输、不怕难的精神将让孩子们受益终生。

不仅是孩子，作为家长的我们也从少儿班老师那学到了很多东西，得到了很多启发和鼓励。如何做好少儿班家庭教育的讲座，优秀毕业生家长传经送宝，对孩子出现状况时冷处理、不动声色地细致观察、直中要害地点拨和循循善诱的谈心方式，处理问题于萌芽状态等等都凝聚了少儿班老师的心血，折射出少儿班老师的智慧。

记得儿子常挂嘴边的口头禅“我们少儿班的老师可不是一般的老师，他们都是教育家”，赞美之情溢于言表，“如果让我再选择，我还是会选择少儿班”，更是表达了他对少儿班充分认可的心声。是的，少儿班的孩子们是幸运的，儿子是幸运的，金融街那个有空中操场的校园是儿子义无反顾地选择，正是这个选择、这个与众不同的校园和班级给孩子们插上了飞向更高更远天空的翅膀，让孩子们终将实现各自的梦想。到那时候，他们会更加怀念自己的母校，感恩自己少儿班的生活给予了他们成长为立体、丰满的社会人的钥匙。

阳光灿烂少儿班

亦　明

我的孩子

2009~2013 北京八中少 16 班学生
2014 年考入香港大学
（本文写于 2015 年）

题记：到了高考决战前夕，少儿班孩子们身体素质的优势就很明显地显现出来。记得在全校毕业班“最后一次铃声”的仪式上，高温下不少高三的孩子晕倒了，只有少儿班的孩子们无一例外地气宇轩昂地站着。

春日的阳光让人幸福，夏日的阳光让人沉醉，秋日的阳光让人舒心，冬日的阳光让人珍爱。少儿班的老师们就如这四季的阳光，无时无刻地照耀着少儿班的小淘气们，让他们无虑地幸福地成长。这样一个宽容、纯净、正气的校园环境在当下这个浮躁的社会中显得异常珍贵，这是所有天下父母最想给孩子的成长环境。

我的孩子在 2009 年幸运地走进八中少儿班这个群体，成为其中最小的一个女生。天性活泼、开朗自信，思想不喜欢被束缚，进入这个群体的她如鱼得水。第一天进入少儿班，孩子和我们都深切感觉到一种幸福，一种真心被理解、被关爱的幸福。这就是少儿班老师给予的爱。

少儿班多彩的课程安排最令孩子期待，但我们家长最好奇的是，如何能够在四年里，更准确地说是在三年半里完成所有初高中课程。为了可以全面了解孩子们的学习状况，少儿班专门开设了开放课。还记得第一次我作为旁听家长参加，上午一节数学、两节语文、一节英语。作为曾经的理科生，自认为数学很棒的我，听完数学课就晕了，信息量那叫一个大啊！课下，我赶紧把孩子叫过来，问问她这么快的速度、这样海量的知识都听懂了吗？能记住吗？结果孩子轻松地看看没见过世面的我说："当然都听懂了！这算啥快啊！正常的，慢了就不吸引人啦！"少儿班的老师完全把知识整合后再进行系统性地讲解，完全沉浸畅游在知识的海洋里的孩子们，与老师专注互动，显得异常兴奋。如此这般，才是这些聪明孩子的最好的"稳定剂"。我们几个参加旁听的家长共同的认识就是，少儿班的老师绝对是最富有激情和头脑的最优秀的老师，他们要付出的体力和智力是旁人无法体会的。有位家长说："以后回家再也不指责孩子贪玩不勤奋了，人家少儿班讲究的就是课上得高效！"

少儿班老师的课上教学之高效我们领教了，而课下，老师则尽量给予这些精力极其充沛的孩子以尽情释放的机会。每天 2000 米的长跑，大概就是少儿班老师的"杀手锏"吧。刚开始，我们都担心孩子的体力能否适应这样的长跑训练，因为现在的孩子都比较娇生惯养。但是刘兵老师非常"冷酷无情"，一言九鼎，严格跑步纪律，而且是风雨无阻。结果令人非常惊讶，孩子们不仅能坚持跑完，竟然还都爱上了每天放学前的跑步，身体素质和身高都得到大幅度的提高。我的孩子在少儿班的四年里，几乎没有生过病，没有请过一天假。

让孩子们终极喜爱的是"自然体育课"。每学期一考完试，或者有合适的时机，老师们就会费尽心机地安排孩子们做一次有意义的出行。现在带孩子出门都怕麻烦怕担责任，更别提带着这些个聪明的小淘气，这对老师是相当大的挑战。冬游泳、夏滑冰、山西煤矿探秘、五大连池地质考察、爬泰山、游学美国……拓展了孩子们的视野，树立了更高的目标。每次回来，孩子都恨不得要给我们讲三天三夜的见闻。

到了高考决战前夕，少儿班孩子们身体素质的优势就很明显地显现出来。记得在全校毕业班"最后一次铃声"的仪式上，高温下不少高三的孩子晕倒了，只有少儿班的孩子们无一例外地气宇轩昂地站着。想起他们 10 岁时参加"第一铃声"仪式时的小小个头儿，到今天几乎完全跟高三的大孩子一般身型的模样，做家长的心中真的是感慨良多。

今天，孩子们纷纷进入一流的大学深造，在他们的身上永远都留下了少儿班给予的"勇敢、正直、阳光、勇于挑战"的精神，看着他们展翅高飞的身影，我们真心的期盼少儿班能越走越长远，将这种不息、纯净、创新的教育思想传承下去，让北京甚至中国的教育界的这一道阳光更加灿烂。

再次深深感谢少儿班的老师们！

第二部分

我们和孩子一起成长

恪尽职守　成就未来

长　峰

我的孩子

1985~1989 年北京八中少 1 班学生
1989 年考入中国科技大学少年班
（本文写于 2000 年，2015 年修改）

题记：家庭教育在孩子成长历程中的重要地位是不可取代的。家长应尽早地发现和缜密地考察孩子的天资与禀赋，因势利导促进其潜能的发挥。家长要鼓励孩子拥有自己的坚定信念和远大理想，让孩子通过自己的努力获得成功，学会创造性劳动。

一、小荷露尖角

1974 年 7 月 20 日，天天来到这个世界上。生活在爱的氛围中，温柔地呵护和各种内容押韵的语言刺激，使天天的智力速增。姥姥常念叨的是“小老鼠，上灯台……”“拉大锯，扯大锯……”之类千古不变的童谣；爸爸则实际得多，他常常指着孩子的身体部位编一些不伦不类的顺口溜：“大脑门儿，小鼻子，红脸蛋儿，小嘴唇儿……”居然也能引发父子俩会心的“咯咯”笑声；我则十分投入地为孩子吟诗。或许是母子心心相印，我觉得天天在还不能牙牙学语，就能对通常看来他不可能理解的语言做出正确的反应。

1975 年临近春节，爸爸出差近半年回到了家，他让孩子看着他的口型叫“爸、爸”。一次又一次，天天终于准确地叫出“爸爸”，尽管大多数情况下是以答应各种要求为交换条件。我加紧“攻势”，趁着爸爸在家，常常一边让他叫“爸爸”一边叫“妈妈”，孩子感到最大满足时，又讲故事又说歌谣。有一次，8 个月的天天开始用简单句子表达自己的意愿，说了句：“妈妈来。”14 个月时天天能独立行走了。

有了语言、有了独立行走能力，就能准确地表达自己的意愿和要求。我追逐着儿子成长的脚步，努力参照一些当时能找到的育儿知识，把培养重心放在发展灵活的思维能力和丰富的想象力上，让孩子作为主角满怀激情地接纳知识，品尝成功的喜悦。

孩子最喜欢大人读书给他听。我就选择图文并茂、内容短小精悍、富于哲理的童话和寓言故事来读，其中行文对仗工整、富有韵律的为首选。每当我抑扬顿挫地大声朗读那些诗歌的解说词时，天天总是全神贯注地听，并经常说：“妈妈，再读一遍。”一遍又一遍，直到他能全文背诵。而后再朗读时他便开始插话，提出这样那样的问题，我总是极具耐心地选择出最合适的答案满足他的好奇心和求知欲。慢慢地，他已能饶有趣味地把这些故事讲给姥姥听，讲给邻居小朋友听了。

大约在天天一岁半左右，有一天我抱着他看报，他突然用小手指着大字标题中的几个字读了出来，我很惊讶他识字了。没有刻意地教，一切都在毫不经意之中，很快天天便能从小人书上断断续续读出许多常用字。

更令人惊奇的是他从认字伊始就能提出对造字的“独到”见解。一次从公园回到家，我觉得很累，就很舒展地仰面躺在床上。他神秘地注视着我说：“妈妈，书上的‘大’字应该念‘人’。你看，伸开的胳臂是一横，分开的两条腿是一撇一捺。”我霍地从床上坐起来，惊愕之情无异于听到号外新闻：这是一种用异乎寻常的方式显露出来的创造性思维的闪光。

天天儿时数学入门也是从歌谣开始的：“一去二三里，烟村四五家……”再结合玩具和游戏中的数字引入概念，这种日复一日地“训练”产生了“飞跃”性成果。一天姥姥给他包饺子，这是他最爱吃的食品，也许是有点饿或有点馋，他自发地用小手指着饺子数起来，连续准确无误地数了 20 个以上。我十分惊喜，这时他刚过一岁半。

在这之后不久，我选择了一本情节简单的故事书，在二十几页的篇幅里，几个人物变换出场，或增或减。当我用不到半小时的时间讲完这本故事书时，他竟迅速而准确地掌握了 10 以内的加减法。就这样，在笑谈中他心算能力发展很快。四五岁时他已经能同四年级的学生一起算用不同时间上下山求平均速度之类的应用题了。

二、我从哪里来

天天三四岁时提出“我从哪里来”的问题。姥姥告诉他是买菜时捡来的；爸爸告诉他是出差时带回来的；我则含混地回答是从医院里抱回来的。各说不一的回答让孩子颇为困惑。当时我没多在意，以为事情搪塞过去了。

不料过了些日子，我正在做饭，天天凑过来神秘地告诉我：“妈妈，我知道我是从哪里来的了。”我心不在焉地顺口说：“你说说看。”结果使我吃了一惊，他基本讲出了从生命萌动至出生的过程。我问他是怎么知道的，他跑回房间，从书架上拿了一本《赤脚医生手册》，翻出相关的部分告诉我：“这里讲了。”他当时识字不多，只能边看插图边断断续续地看文字叙述。我由此得知，他有强烈的求知欲望，有把不同答案联系起来加以比较从而发现问题的能力。更可喜的是能通过自己的努力找到解决问题的正确途径，有克服困难找出正确答案的决心、意志和能力。

此后，我把建设家庭书架视为一项重要的家教内容。尽管当时工资收入微薄，我仍然尽可能选择内容适当的书籍默默地放在书架上。不给明确的指导、不提任何要求，由天天自发、自由选择。天天学龄前就开始翻阅大学教科书，他对相对运动、参照系、原子结构等概念的初步了解即是从此类书中得来。广泛而大量的阅读是天天的一大特点，加上过目不忘，这对他在知识领域中博采营养大有裨益。

三、知识与感悟

语言是交流的工具，也是思维的工具，一个人的智力发展和概念的形成在很大程度上取决于语言能力。因而在人的知识构架中，语言能力是最基础、最重要的支撑。在对天天语言能力的训练与培养上我倾注了大量的心血，按照孩子不同时期的特点和需要不失时机地调整训练方法和内容，使其在基础知识和语言的感悟方面都不断提高。

三年“教”会一句话，大致反映了我对处于语言第一最优发育期的天天进行语言能力培养的过程。

天天牙牙学语时，清晨我带他到户外空旷的场地上指着东方冉冉升起的太阳教他说“太阳”，很快他就能指着天空任何位置的太阳说出“太阳”。继而我又指给他说：“红太阳”“红太阳升起来了”“红太阳从东方升起来了”“红太阳从东方慢慢地升起来了”。当他能完整地说出这句话时，已是四五岁的顽童了。这句话包括了有关太阳的动词、形容词、副词，完整形象、准确地表达出旭日东升的情形。把看似相互“孤立”的字词正确组合和搭配形成一个完整的概念，然后将大量的类似句式重复地在幼儿大脑中加工整理（据统计，0—3岁是这一思维过程发展的最佳时期），可帮助幼儿奠定整合思维的基础。

家庭教育是学校教育的必要补充，尤其在孩子的语言能力培养方面，学校教育为家长留有很大的空间。

学校的语文教学从课本内容到作文训练，选材精练、内容广博、基本技能全面扎实。但这些都摆脱不了应试教育的束缚，而被禁锢在一个封闭的、规范化的罩子里，侧重的是灌输知识，没有行之有效地开启学生自己感悟的内部机制。家长的职责就是要把孩子从这种禁锢中解脱出来，让他从广博的知识中生长出自己的灵感，提高自己的悟性（或感受能力）。我曾统计过天天小学的全部作文题，在这个思想活跃、多梦的年龄段，竟没有一篇让孩子发挥想象、幻想或梦想的题材。

记得小学四年级第一学期，老师让写一篇《国庆节前的车公庄大街》的作文。为此，我陪天天四次往返于车公庄大街上，观察街道两旁花草树木、建筑物装饰、过往行人的服饰表情、购物情景，启发他感受节日的气氛，细致烘托“节日”的主题，让他用自己的语言写出儿童独特视角观察到的各种事物的细枝末节，并四次修改原作，从而达到语言生动、层次分明、情真意切。这篇作文后来被评为“优好”的范文。

在这一学期里，我还采用了少而精的原则，以他的四篇不同题材的作文为基础，反复修改、提炼，引导他在作文中使用自己的语言，表达自己的思想，展示自己的风格和心灵。自此他深切地感悟到了作文是什么，从此对语文学习产生了浓厚的兴趣，外出活动能自觉观察，回家后能绘声绘色地讲述所见所闻。说到兴致之处我若想插话，他经常是情不自禁地用手捂住我的嘴不让我打断他。此外，还逐步养成了他大量阅读文学名著和背诵诗词、散文、游记、名篇的习惯。在北京八中读书时，他曾表演过用四秒钟背完《岳阳楼记》的绝活儿。当老师在课堂上讲一篇好课文时，他回家总要查找出该作者的相关作品来阅读欣赏。孩子从没有出现过对作文发憷或面对作文题无话可说的窘境。

五年后，他在中国科技大学举行的少年班复试中获得了语文免试资格。

四、“炸掉喜马拉雅山”

天天五岁时的一天晚上临睡前，照习惯我俩躺在床上说些短小有趣的故事或回答他提出的各式各样的问题。那天他想起了我大学课本《普通物理》里讲的原子结构图。我想给他一个关于电子和原子核形象的具体的概念，就告诉他：“如果把喜马拉雅山（他知道它非常高大）所有原子中的电子去掉，把原子核集中起来可装进火柴盒里。如果喜马拉雅山变成火柴盒那样大小，印度洋的暖风会把潮湿的气流吹遍青藏高原，西北大沙漠也能变成绿洲。”听到这儿他异常激动，说：“那为什么不装呢?”我说啊：“没有那么结实的火柴盒。”我以为这个问题该结束了，谁知他从床上一下子跳起来认真地说：“妈妈，我们把喜马拉雅山炸掉吧!”我只好现编造炸山的种种困难和不可能性，谁知反而激起他炸山的“决心”。我知道让他立即安静下来是几乎不可能的了，于是我选择了信马由缰的态度，让他的思绪尽情驰骋。他不断地比画着，讲述自己炸山的种种计划和设想……

这次经历之后，我发现他对科普知识倍感兴趣，想象力也有所发展。由此我体会到，当孩子对某件事情发生兴趣时，最好的反应是分享他的兴趣，倾听他的问题，给出自己所知道的最好答案或与他一起寻找答案。通过回应孩子的兴趣，为孩子树立勇于探索的榜样，帮助孩子面对挑战树立起坚强的意志，走好他急于追求奥秘的每一步。切不可取代或企图控制他的思维方法，更不能粗暴地回绝看似荒唐、滑稽的妄想。许多科学发现证明，看似最不合常规的想象，却是通往真理的途径。

五、蠡园的西施像和毕加索的牛

无锡蠡园里的西施画像和毕加索的牛似乎是风马牛不相及，但二位画家的匠心却有相通之处，西施的画像仅有背影，毕加索的牛惜墨如金，画家都以超凡的艺术手法给人留下丰富的想象空间，任观者思绪万千。培养孩子想象力需要的就是这种独运的匠心。丰富的想象力是思路新颖性和创造才能必不可少的思维特征。

童话和神话故事、浪漫的古典诗词是培养天天想象力的沃土；信笔涂鸦和简单地组合玩具是天天发挥想象力的用武之地，目的不是培养画家，而是传达儿童奔放不羁的内心世界。天天经常把画的非牛非马的“作品”拿给我看，使我如堕云里雾中，只有配上他的解说词才能恍然大悟。1978 年起，我曾给他定过几年的香港版的《智力世界》，杂志中的几个栏目很对他的口味而令他爱不释手，许多无题的漫画常常让他解释得面目全非。北京八中少儿班招生考试中有一试题，要求考生在半个小时内用任意的笔在纸上任意画一幅画，天天可算找到了用武之地，他随心所欲地画了一个无人知晓的自己想象中的太空人。这幅太空人究竟得多少分并不重要，他能以总分第一名的成绩被录取，说明他的思维符合招收超常学生的要求。

童话故事和神话故事是儿童必不可少的精神美餐，我给天天讲这些故事时往往要伴生许多花絮。“龟兔赛跑”是家喻户晓的童话故事，但它的古老使它反映的深刻哲理过于朴素，容易使儿童心理过于压抑而产生负罪感。是呀！小兔子把握不住自己的优势而坐失良机，乌龟用自己的弱项去参与竞争，都不可取。于是，我们母子俩经常变换角色扮演龟兔竞争，各自开动脑筋，使用各种现代化科技手段去争取胜利，因此演绎出一个个有声有色的龟兔赛跑的新童话来。同样诗歌在诱发儿童想象力方面也是极好的教材。

玩具是儿童的天使。能唤起儿童无限遐想和美妙构思的东西才是最好最合适的玩具，儿童才能以此为舞台，靠自己的力量和构思去探索，去创造。因此我选的玩具大多或线条简练，或形态夸张，或能拼装组合。可折叠的纸片、能任意堆放的沙石也是好玩具，其中天天最钟情的是用硬导线（铁丝不安全）弯制的各种枪、小动物等。一根导线，一把钳子，随心所欲，变换无穷；一套九连环百玩不厌，至今家中仍能找到几件。

六、感受成功

12 岁那年，天天和同学舌辩。海滨夸口说：“我要早生 300 年，我就是牛顿，要早生 100 年，我就是爱因斯坦。”天天毫不犹豫地说：“如果你晚生 50 年，你一定会说：‘我要早生 50 年，我就是天天。’”初生牛犊，语惊四座。这除了表明他思维敏捷外，就是他的自信和自负。

然而，只有我心里明白，这种近乎狂傲的自信心是经历了怎样艰苦而漫长的过程才逐渐形成的。

天天小时候一直由姥姥照看，从来没去过幼儿园，这使得他胆子小，从不惹事，只要大人板着脸对他讲“再不听话就不要你了”，他立刻眼泪汪汪，我对他这种性格大为担忧。我意识到必须把心理与身体健康和智力开发放在同等重要的地位，只有有充分自信心的人才能对生活热情洋溢，才能充分展示自己的想象力、独立思考等个性特征，而任何才能离开了勇敢坚定和献身精神都不能升华到创造水平。

为此，我采取的主要措施是让他感受成功，特别是感受通过自己艰苦努力所获得的成功。紫竹院公园是我们常去玩的地方。我选了一棵高度适合的树，在我的帮助下，让他爬到一分为三的树杈中央。头几次他只能趴在一个树杈上并让我抓住他别放手，渐渐地他能独自爬上去并能站在树杈上远望，后来他就能独自爬更高一点的树。在近两年的时间里，爬树成了我们去紫竹院公园时的“保留节目”。

上学以后，我一直坚持不当面帮他检查作业的原则，让他知道学习是他自己的事情，但背地里我则通过查看作业、试卷准确了解他的学习情况、他的进步、他的错误及其类型，然后从侧面给以相关的指导。当他拿作业本要我签字的时候，我总是以极负责任的态度认真查阅，一篇写字中最多指出一两个字中的这一撇长了一点儿，那一竖短了点儿之类的小毛病，还一定同时夸哪个字比以前有了进步。

另一方面，是培养他自己的事情自己处理的习惯，在外面受小朋友欺负或发生纠纷等，从不带他与人争辩，让他完全靠自己的能力去体验自尊和人格。

正确对待孩子成长中的缺点错误，在纠正错误的同时激发出孩子更大的进步，这也是增强孩子自信心的有效方法。天天上小学时有一次测验，题目是“一年中第一个节气是什么?”标准答案当然是立春，天天的答案是小寒。显然问题的关键是题目本身没有对“年”的概念给出严格的定义，而天天沿用了公历“年”的思维定式，通过深入思考、仔细推算才得出“小寒”的答案。这绝不比回答“立春”容易。面对问题能经过自己认真思考，得出与众不同的结论，这是一种可贵的品质。对此“错误”，我表扬了他。

天天的数学一直学得很轻松，在区里、市里许多名目的数学竞赛中都能获奖。他参加美国数学天才少年选拔测试获得 750 分的好成绩（满分为 800 分。数学天才少年的标准是小于 13 岁成绩 700 分以上）。但在常规的正式考试中天天却很少获得高分。原因有二：一是马虎；二是演算步骤过于简单，不合要求。对于第二种错误，我从来没有按错误来对待，我知道这是直觉思维脑显现，这是创造性思维的特征。

大学三年级末，天天办理了退学手续，拿到出国护照。这时李政道博士回国讲学并与中国科技大学少年班同学座谈，李政道就当时的出国热回顾了 30 年前台湾的类似情景以及目前发展现状。座谈会后，天天毅然做出自己的选择，退掉护照，决意留下。年仅 17 岁的他已经具备了认真面对未来的勇气和信心。

七、自由万岁

许多人努力完成自己的工作却很少成功，成功的人则总是在做自己喜欢的工作。对学生来说，这就需要有宽松的环境和热情、开放的老师的培养。

北京八中少儿班的老师们用他们的勇敢和无私为学生营造了自由的学习气氛。天天在八中的四年中，在教室正式接受数学课堂教育的时间仅一年左右，四年中几乎不做任何家庭作业，这使他有大量时间做自己喜欢做的事情。这四年，在老师们的启发、引导和培育下，在和同龄、同智力水平的同学们一起激扬文字、纵论乾坤、探索未来中，他逐步明白了自己的志向，使创造性思维特征日趋显现和成熟。主要表现为有用不同方法解决所探索问题的能力；善于提出问题、把握现象之间和现象内部联系的能力；强化直觉思维能力；在复杂的矛盾中快速做出正确抉择的能力等。

孩子需要自由的空间去伸展自己的翅膀，每个人在孩提时代都有强烈的自主欲望，可一旦成为家长，就会有许多的理由限制孩子的自由。所以家长对孩子应谨慎而严格地把握收放尺度，让孩子在宽松的状态下萌发更多的创造性劳动。在收放这个问题上我受到过两次大的触动。一次是天天小时候我发现他动作不协调，比如，他会拍皮球，也会数数，但拍球的次数很难与数出来的数字一致。我用许多方法试图纠正他的不协调性，但收效甚微。后来我找到了症结所在，这是因为他七八个月要自己爬的时候我无知地剥夺了他的欲望。当时我是担心他自己会爬后，一旦照顾不周就要挨摔，所以只要他开始做出要爬的姿势，我就顺手把他翻过来。爬行是婴儿在特定年龄靠自己的努力向自己确定的目标前进的正当要求。每每想到这里我对当时自己的武断都后悔莫及。另一次是天天大学毕业后决定不再读研究生而参加工作，我当即表示反对。在我看来，就他的年龄、他的能力和发展趋势，继续读书是再合情理不过了。当时天天问了我一句话："在这类问题上姥姥管过你什么？"我无话可说，只有深刻反思，战胜自我，再也不能"顺手一翻"中止他向自己确定的目标前进了。

家长要为孩子保留尽可能多的自由空间，让他们去判断、去选择、去反驳甚至去否定约定俗成的结论，使其成为能抓住机会、展示自我的人。

八、机遇与选择

机遇是成功者的天梯。然而，机遇只恩宠那些有准备的头脑，或者说只赞助那些富于幻想的人。谋事在人，成事在天，毕竟谋事先于成事。只有树立明确志向，努力构筑广博宽厚的文化基础，才能抓住天赐良机，做出适合自身特点和社会发展需求的正确选择。

1984 年暑假，学校组织全班同学参加西城区科技站举办的为期一周的计算机普及班，为此我用极其热烈的情绪去感染他，支持他。在学了几句简单的 Basic 语言后，老师示范了一个卖西瓜程序，即西瓜价格三公斤以下每公斤一角；三公斤以上每公斤八分，输入西瓜重量便能输出应收钱数。老师给出的标准答案为七句，而天天做出的程序仅六句。普及班结束后，他被留下来继续参加每周两次的业余学习。

我永远忘不了 1984 年的冬天，天天对计算机学习达到了痴迷的程度。无论北风呼啸，还是大雪纷飞，下午 5 点他都要到科技站，晚上 8 点我就到家附近的汽车站接他。由于不能回家吃晚饭，我给了他一些钱让他买些东西吃。后来我才知道，他一般都不吃东西，而是从学校直接到科技站，等在机房门口，机房一开门便冲进去操作。当时科技站条件很差，机房内气温很低。等他空着肚子近 9 点回到家时，小脸通红，一边跺脚一边狼吞虎咽地吃饭。那样子总是让我涌起难以克制的爱怜之情，但心疼的话语从不出口。这期间，班主任老师总对我讲："自从上计算机班后，天天变得有些傻，时常发呆。"我暗自叫好，知道他进入了状态。

1985 年，天天考入北京八中少儿班，业余计算机学习完全在八中进行。1986 年春，天天参加了为高三以下学生举办的"北京市青少年计算机程序设计比赛"。接触计算机才 15 个月、年仅 11 岁的他居然获得一等奖，是九名一等奖获得者中年龄最小的。

这次参赛的成功激起了天天心中的火花，使他产生了巨大的学习动力，并与计算机结下了不解之缘，导致他后来做出了果断的选择。我从中也看到，天天的思维特点与计算机科学所面临的问题的结构正好合适，或者说天天的思维代码形成与研究对象协调一致。

十几年过去了，天天从一个受兴趣驱使、忍饿受冻仍不停敲击键盘的顽童，成了一名出色的软件开发人员。初出茅庐，便用四个半月的时间超越了国家组织了 11 年的科技攻关所能达到的方块字快速检索的速度。现在他正在为中国信息化大农业作出自己的努力。

未来路漫漫，作为父母，永远对孩子充满着希望与企盼。

守望孩子的成长

刘　英

我的孩子

1985~1989 年北京八中少 1 班学生
1989 年考入北京航空航天大学
（本文写于 2000 年，改于 2015 年）

题记：八中少儿班是因材施教的一种形式，将年龄接近、智力接近的孩子集中在一起学习和生活是很有好处的。老师教得自如，学生学得自然。在这个相对宽松的环境中，我的儿子度过了他难忘的四年中学生活。至今少儿班同学仍是他生活中联系最多、最亲密的群体。

一、从困境中走出来

1966 年，“文革”如狂风暴雨袭来，知识变得一文不名。当时我和万千的父亲都是教员，一眨眼间成为“臭老九”，陷入了彷徨无奈之中。1968 年，江西省南昌市的大、中学校被撤销、解散，我们也被下放到农村劳动。在农村我们组织了家庭，第一个孩子，万千的姐姐，就诞生在那动荡的日子里。

中国的教育在破产的边缘挣扎着。我们在农村待了几年，又逐步以各种各样的形式调回重建的学校，重新从事教育工作。万千的父亲被安排在九江师专，最初学校建在距离九江市 100 多里外的偏僻山脚下。我被安排在九江市的中学。虽然两地分居，但我们还是异常兴奋，渴望将沉积在心中将要淡忘的知识奉献出来。在这种状况下，看书、做题、辅导学生成为生活的主旋律。每两周我们家团聚一起时，主题仍然是习题解答和教育中的问题。这时，我怀上了万千。可以说，万千从他萌芽始，正好赶上父母从困境中走出来。

怀孕后一般会感到疲倦。但怀万千后我的精神反而特别好。一周担任 12 节以上的数学物理课程，而且常常给学生补课，从早到晚过得忙碌而充实。我从小对数理化方面的知识感兴趣，喜欢看书，对动手做电工、木工、女红等活会乐此不疲，夜里要过 12 点才有睡意。这是否是无意中的胎教呢？很难说，大概有点。

二、气象万千

1976 年 5 月 24 日零时刚过，孩子出世了。从我感受到他在奋力往外冲，到听到那最美妙的“哇”声，只有几秒钟。进出产房不到十分钟，医生举着孩子说他既性急又能干。孩子来到人间，给饱经沧桑的祖父辈、父辈带来的欢乐与期望是无法用语言表达的。祖父被打成反动学术权威，批斗了十年，正在此时平反了。外祖父受苦 20 年，也在此时恢复了高级工程师的待遇。1976 年属龙年，祖父说“飞龙在天，气象万千”，给孩子取名万千。外祖父说：“叫刘万千好，既是刘家的宝宝，也是万家的宝宝。”后来万千爸爸去英国进修，与 A 教授成了好朋友，A 教授给万千作了一个特别的诠释：ten million（10^7）。直到现在，大家都说万千出世运气就是好。

产假加暑假共三个月很快就过去了，我带着两个孩子回到九江，一个职业妇女带着两个孩子确是很辛苦。万千的姐姐已六岁，进了小学。万千显得比别的孩子安静、“老气”。我上班后，他才三个月，就上哺乳室。当时在各单位对职工从出生到死亡都有人管，学龄前孩子有哺乳室、幼儿园。哺乳室由身体尚健康的老太太负责，一般一人看六七个孩子。哺乳室的奶奶都说万千懂事、不吵闹。婴儿的作息时间随大人上班走，一天八小时，一周六天，每半天中间有半小时母亲喂奶。这种条件对婴儿来说是很“残酷”的，不会走的小婴儿每天在室内只有躺六七个小时。万千也哭闹想抱过，但似乎很快就明白这是徒劳的。照看他的奶奶说，很少见到这样小就这样能“转身”（能想法自己适应）的孩子。下班后，弟弟可以跟姐姐一起玩，他们既亲热又欢乐。在我忙完家务后，万千才会吵着要我抱。我觉得他特别懂得体谅母亲，又特别地依恋母亲。

1976 年的夏季，全国闹地震，江南的九江也一样。我们在外面大树下支个蚊帐就是个防震棚。带着两个孩子，又住外面，加上当时供应极其紧张。劳累加缺乏营养，母乳很快就没有了。孩子也主要以面糊、豆粉等为主食。在那个连鸡蛋都是紧俏物质的时代，孩子的生命力虽很顽强，但万千在六个月后身体明显差下来了。三岁前，他常常发高烧。每次病后他都更虚弱，却更敏感。老年人常说，孩子会越烧越灵。我不知道是否有这样一回事，是否有医学或生理方面的科学根据，从万千的情况看倒是符合的。总的来说，在一岁前后，万千显出内向、敏感和爱静思的个性特征。

三、幼儿园教育的失败

1978年，万千的父亲上北京读研究生了。我工作的学校离家很远，加上万千祖父母想他，所以将他送往南昌。当时考虑从教育的角度来说，孩子应该开始接触集体、融入集体，因此，又将他送入幼儿园，早送晚接。按我们的想法，这不仅可减轻老人的劳累，更重要的是孩子能结交一些小朋友，性格可更开朗，生活会更愉快，也能接受更多的知识。幼儿园的条件在南昌是优等的。

但是出乎意料，万千与幼儿园的生活格格不入。虽然他那时才两岁半，但他的主意和处理方式却使人吃惊。祖母很平等地与他交谈："我身体不好，不能成天带你。你要乖乖上幼儿园，行吗?"他每天一声不吭，非常依依不舍地离家去幼儿园。在幼儿园的小班里他最小，长着大脑袋、五官很美，大家都喜欢他，爱逗他玩，但是他总是避开，不与同班的孩子玩，一人待在一旁，默默地看着别的孩子玩耍，静静地想着自己的心思。他常常采取拒绝吃东西的做法，早晨吃完早饭上幼儿园，一直饿到傍晚回家。幼儿园里的中饭及点心他一概不吃，只有到家后才恢复常态，又说又笑，急不可待地吃东西。幼儿园的老师想了许多办法也无济于事。本来体质就差的万千再这样耗下去是会支持不住的，大人们没有办法，最后只好让他退学在家。

现在回想起来，万千当时的性格属一种闭锁型。他将自己封闭在一个他认为安全的小天地里，而在这个小天地外，他失去常态，处于紧张状态。他也过早成熟，感情丰富，"幼稚的心灵"懂得为亲人病痛担忧，表现出大人般违心地极力克制的品格。

四、"流浪"

既然万千用无声的反抗达到了拒绝去幼儿园的目的，那只好将他放在家中放任自流。这样他就开始常在祖父母家、外祖父母家和我这儿三处"流浪"。

这三处的生活对万千的性格成长均有影响。祖父母视孙儿为掌上明珠，但历经磨难，身体很不好。万千深爱他俩，却常为家里的矛盾不知所措，并为此而苦恼。邻居都说这孩子太"老气"，像个小大人。在外祖父母家，尽管受宠爱，他还是有做客和寄人篱下的感觉，因为那是比他小六个月的表弟的家。表弟从出世一个月后就由外祖母带大，感情上更融洽、亲昵是可以想象的。每当外祖母告诉他妈妈就要回来时，他常常会兴奋得睡不着，当我将要离开时，他会焦躁不安。长大后的万千在回忆最早的记忆时，他说他所能记得的第一件事，就是妈妈要离开而他将留在外祖母家的前一天晚上，他觉得是死死地抱住了妈妈的脖子，但第二天早晨妈妈还是走了。

万千在我身边是那么无忧无虑，他对母亲是那么依恋。我发现在他敏感的心态下有一种超过同龄孩子的智力。他不合群，原因是超常。当他与姐姐、表哥以及他们的朋友们在一起时，他能完全自然地融入。万千在三岁时的智力就显出闪光点。这时他已能认得象棋盘上的 32 个棋子，明白它们的作用。善弈的外祖父“让子”跟他对弈，常让他尝到赢的甜头。他喜欢思考问题，而且领悟力很强。记得在他四岁时，我带他从九江回南昌，坐在靠窗口的位子上等火车开动。这时对面的火车正在缓慢进站，万千对自己所坐的火车好像在动，感到万分惊奇。我试着用相对运动的道理跟他解释这种现象，我不清楚他是否理解相对性理论，但他立刻接着说：“那晚上月亮在天上走，应是云在动而不是月亮动喏。”说得旁边的人直瞪着他，夸这孩子想象力真丰富，一下子就从地上想到天上去了。此时，万千不仅对运动现象能很快理解，对数字的接受更“灵光”。我觉得他对 100 以内加、减算术几乎是无师自通，很难说谁是他的数学启蒙老师。总之，在万千三四岁时，他的智力发展很快，大家都说他很聪明。只是受当时条件限制，没有办法对他进行系统的早期教育。

五、北京之行

早期教育中对万千影响最大的事件，恐怕要数 1980 年暑假我带两个孩子上北京与他们父亲团聚。一路上坐轮船、火车、汽车，经过城市、农村，面对山川、河流、平原等等，对孩子都有极大的吸引力，许许多多的问题从他嘴里提了出来。从九江到武汉的客轮上，万千和他姐姐都异常兴奋，望着滔滔长江水，看着船尾涌现的白白浪花，他们笑着、嚷着怎么也不知疲倦。我将所有能记忆着的关于长江的传说慢慢跟他们说，万千瞪着大眼睛像在捕捉每一个新奇。站在长江大桥上，看着天然的龟山、蛇山的美景，感受着人工的大桥的气势，万千连跑带跳走过大桥，他身上似乎有使不完的气力。从武汉到北京的火车上，万千倚着窗口，数着过往的车站和省份，一路风尘仆仆。至今他父亲还常形容他当时在北京站看到的万千：“有着一对又大又亮滴溜溜转动着的眼睛的小黑人。”

到北京后，分别半年之久的父子整天在一起，参观、游玩，谈天说地。细算起来，现在我们调迁北京已 15 年了，可去过的旅游点加起来反倒不及当初这个暑假的一半。故宫、万里长城、颐和园、动物园、香山、天坛等等，这些地方都是享誉中外的景点和启迪孩子心灵的历史老师。每到一处万千都“如饥似渴”地享受着、陶醉着，总是需拉着他才能离开。不出门时，父亲跟他下棋或讲解、回味各景点的传说和故事。假期很快过去了，但却终身受益。现在很难算出这些经历对万千创造出多少“价值”，只是可以明显感受到经过这个假期，孩子不仅身体好多了，而且肚子里面有了许多“真货”，回到江西家中，亲朋好友发现万千变化不小，开朗和成熟多了。他的语言表达的条理性、逻辑性大见长进，特别是与老人们在一起时，他那种吹嘘自己见闻的自信和说得有板有眼的“经历”，让人忍俊不禁。

六、风雨途中

祖父坚持要孩子尽早在母亲身边成长，我也认为对孩子的教育不能再拖下去了。万千五岁时结束了“流浪生活”，来到九江，开始上小学。

清晨，天尚蒙蒙亮，“全家”三口就起床，姐姐吃过饭自己骑自行车上中学，万千坐上我的自行车匆匆赶往学校。晚上，我们又都回到家。在上学往返的路上，是我与万千最放松、最直接交流的时候。我们谈论每天发生的事情、讨论许多问题、编排各种故事。一块做算术题、背唐诗宋词。我们做算术方法是“接龙”，例如我出一道题 12+21，万千在算出结果 33 后接上此数再出题 33−15，我再接上一直继续下去，谁算错了就输一次。每天再教他两至四句诗词，接着开始背诵，我念一句，万千接下一句，我再往下接一句……在两年中，他熟背了上百首诗词。这一段经历也使我明白，父母参与孩子的学习，既是他们的老师更是他们的同学和伙伴，这对孩子健康成长是多么重要。这是孩子智力发展的催化剂，也是父母与孩子之间的融合剂。

上学是非常辛苦的，天刚亮就得起床，南方的风雨霜雪对大人和小孩都是磨炼。万千对这种“苦头”似乎不太在乎，在妈妈身边的学生生活对他更有吸引力。这段时间他的精神状态很好，生活磨炼了他的意志，锻炼了他的身体。

七、“应付”作业和跳级

学习内容本身，对智力好的孩子应是很容易应付的事情，而难以应付的是刻板的教育方法。这种教育方法在高考总指挥棒作用下越来越使孩子窒息，且影响之大之深之细是外行无法确知的。最明显的表现是“题海战术”的蔓延。起初是高中毕业生在题海中奋斗以求一跃龙门上大学。学生上大学的升学率对学校和教师都是评定各种指标的押轴砝码，所以在学校里，教师和学生都以这种最急功近利的方法投入“题海战术”。很快这种教育方法扩展到初中、小学，甚至到幼儿园。

万千五岁上学，六岁就跳到三年级，九岁就上中学。在这种跳跃性的学习中，摆脱教条式的教育模式是非常重要的一步。我认为，对孩子已经掌握了的知识，不需要百般重复。特别是小学低年级的学生，像100以内的加减、常用字的认写等，即使孩子一时做错或写错，他自己知道就行了。学习的主要目的应在培养学生的学习兴趣和学习方法上，也就是学习能力上。但有的老师对做题很迷信，每天要孩子做大量的重复性练习，而且差一题都不行。面对这种情况我时常帮万千应付作业，这有效地防止了他对学习逆反心情的产生。

我认为家长要密切掌握孩子智力的、非智力的以及现有知识的水平，发现孩子学习上的潜力和兴趣，启发和激发它们。这对智商较高些的孩子尤为重要，像水流只可引不可堵一样。从万千开始上学起，我一直是他的“同学”。我们一起背诗，一起心算数学题。另一方面，我又担任“导师”的角色，关注他现有水平，指定比他现有水平高一点、深一点的内容要他自学。当时，每天晚上大家都有许多事要做，看书、做作业，任何声音都会干扰别人。所以，万千从很小起，晚上就坐在桌旁看书或做自己想做的事。在一年级时，万千已经“看”完二年级的课本以及相应水平的一些读物。我检测了他所掌握的程度，也就明白了他为什么对每天坐在课堂听课是那么不耐烦。感谢学校让他跳级，跳级对他的压力和影响不是很大，很快他也与新班级的同学相处融洽了。无形中万千养成了一种爱自己琢磨知识的习惯，这也使他从小就有上课不用心听讲的“缺点”。他看课外书，不论是正式教材、科幻的以及文学作品，都习惯自己看，边看边想，自我检查。自学方式的养成，对他智力的发展起着重要作用，我欣慰地看到这点。

八、姐弟之情

如果说万千初上学时生活艰苦，受到比一般孩子更多的磨炼，这不是言过其实。另一方面，他有个性格温存的姐姐又是幸运。回到家中，作为母亲的我要穷于应付没完没了的家务事。姐姐比他大六岁，当然成为他的保护人。姐姐陪同他玩，宠爱着他。两人在家也常有矛盾，大都是万千不讲理而对姐姐要求过分，但出家门，姐姐又总是护着他。姐姐的作用使我放心，也使万千内向、沉默的性格有很大改变。在传统的家庭中，作为老二特别是男孩的老二，总是会受到特别的关爱甚至溺爱。父母不公正地对待孩子是对孩子最大的伤害，不良的家庭气氛会使孩子终生难忘。作为母亲我特别注意对两个孩子要不偏不倚，使他们心灵健康成长。当然，万千从小体弱多病，多一份关爱是很自然，但注意的是这种关爱不能成为偏袒。而且我时时让姐弟之间更多的互相关心和情感交融。比如分零食点心，我是姐弟俩平分，有时万千会说姐大应多点，我总是当众夸奖他，使他知道这是对的。有时鸡蛋不够，姐姐会说弟弟身体差就给弟弟补补，而我会立即在万千面前说明姐姐的提议。随着岁月的流逝，姐弟俩之间的悄悄话也越来越多，在一举一动中，姐弟俩的情感很深。万千从小十分依赖姐姐，信任姐姐。小时与姐姐和姐姐的同伴在一起玩既安全又有趣。姐姐的同学、朋友来了，他都十分高兴，非常欢迎。长大了与姐姐说话倾吐心事，仍会解除他不少忧愁和给他带来无穷快乐。

九、转学北京

1984 年，我终于调入北京。结婚 14 年来我们一直离多聚少，现在才真正团聚成家。过去我最担心的是万千完全生活在母亲、姐姐这种女性化环境中，而且学校老师又绝大多数是女性，缺乏男子汉刚毅、果断的精神榜样。每年他只是寒暑假与父亲在一起，父亲在他心中是一种朦胧的崇拜形象。现在，他可以直接受到父亲影响，模仿对象具体化了。

来到北京，万千插入小学四年级。这已经是他小学上的第三个班。与北方大个头同学相比，他实在太矮小可怜了。刚到班上，同学们都好奇这么个小娃娃是同学。下课后大家逗他玩，背他做负荷跑。但很快地，他的学习成绩便使同学对他刮目相看，特强的接受能力使他在学习上冒尖，特别在数学课程方面。这也伤了一些自尊心特强的同学，个别人还疏远他、孤立他。有一次，万千兴冲冲地去一同学家找他玩，不料此同学说："不和你玩了，和你玩我没面子。"万千回来时伤心极了。面对万千如何与别人交往、如何与环境相融是我很挂心的事。小学阶段正是孩子社会交往能力发展的重要时期，与他人建立良好、协调的关系对孩子个性成长有至关重要的意义，这一点我很清楚。但由于家庭的搬迁，环境也趋于封闭等客观的因素，这对万千心理有所压抑，但也富于挑战。作为家长，我们尽可能更多地和他交谈，鼓励他与同学、邻居交往。特别是十分真诚地欢迎他的朋友来家玩，这表现于对他们的活动不干涉，使他能自由地交往，遇到不如意时尽可能策略地提醒，也就是要给足孩子的面子。对于万千出外活动，除了叮嘱他注意安全和问明去处，我们是绝不扫他的兴。尽可能给孩子营造好的外部环境，最大努力地使孩子心理愉快，万千总算是快乐地度过了童年，在与人打交道方面他能与正常孩子一样健康地发展。

进入五年级后，万千对上课感到极为单调和乏味，特别是数学课，他掌握的程度早已超过课堂上老师讲解的范围。数学老师很理解他的心情，不要求他上课用心听课和下课做大量作业，这使他备感轻松，他常常进入自由遐想的境界，而不用为强迫听讲而受累。正当我们为如何发挥万千对数理化知识的潜力发愁时，获知北京八中开办超常少年班的消息。万千参加了选拔并被录取。他碰上了好运气，有了一个用武之地，这对他今后顺利发展是个转机。

十、机遇

北京八中位于西城区西单附近，是北京市一所重点中学。为了早出人才快出人才，更为了开拓教育的各个层面，1985 年率先开办超常少年班，招收 11 岁以下的智力超常学生 30 名左右，组班进行教育。准备用四年时间完成六年初、高中学习内容，并要求德育、体育方面均得到最好的最恰当的发展。按一般情况，儿童中有 3%的孩子智商较高，属超常儿童。以这些儿童组成的超常少年班的教育模式对学生是一种挑战，对教育工作者是更大的挑战。顺其自然地引导，因材施教地耕作，教师这个园丁才能最大地发挥这些平常又不平常的孩子的潜力。

这是教育的一个尝试，可能成功也可能失败。失败的原因有两方面，其一是，如果孩子的潜力不够，在今后的学习生活中压力太大，一旦承受不了可能会产生逆反心情，使孩子在身心上受到伤害。因此，在跨入此班级之前，家长和孩子都应正视挑战和困难。特别是家长应该抛弃功利心，正确评估自己孩子的实力和潜力，确定是否适宜这种超常教育。孩子成才的方式是多样性的，期望过高而揠苗助长达不到预期目的。另一方面，如果老师仍旧按传统的教学模式对这些孩子进行培养，为了缩短年限而变本加厉地灌压。那么对这些孩子来说更是一种灾难，他们的聪明要为加倍地应付学业而牺牲，幼小的身心要承受超常的压力，这对孩子来说是摧残。因此学校上至领导下至教师都要有新的教育观念和灵活的教学方法，设法撤除高考指挥大棒的压力，让教师正确应对新的挑战，让孩子接受新的挑战自由成长。

对于具体的任职教师来说，此试验班的教育模式能否成功，达到预期的使孩子们在德、智、体全面发展的目的，他们的作用是非常关键的。教师不仅需要有较高的专业水平和丰富的知识，更重要的是要有爱心、耐心和责任心，因为他们面对的毕竟是一群小学生的年龄、中学生的资质的孩子。

许多认识或不认识的朋友、熟人及家长问我，当初是如何辅导万千考上少年班的。对于这个问题的确很难回答，我只有淡淡一笑说："万千运气好，学校的主考官们能看中他。"当初，作为家长，我们考虑得最多的是，这种教育是否适合万千？孩子自己的态度如何？面对的有哪些困难？有无勇气和能力去克服困难？

说实在的，万千上一墙之隔的人大附中这所重点中学是最轻松自然的选择，现在，还只有九岁的孩子必须面对每天到 20 里地外去上学，来回倒车每趟需二三次，顺利时也需 40 多分钟才能到校的现实，我们家长心里没底。万千接受了这种挑战，他认为自己在江西上学时就经受了风雨的考验，而且对于新式的教学模式他也好奇，可以去试试。所以参加考试时，万千既没有背上刻意要考上的思想包袱，也没有去做什么猜题、点范围式地突击复习，抱着平常心参加考试。

现在回想起来，第一届少儿班的招收工作，相对于如今来说，虽然经验少些，但似乎更客观些。因为当时家长的功利欲望不是太强，学生也无从准备，也就没有太多压力或被更多地"修饰"过。所以，选拔出来的学生在智商和情商上比较接近。在少儿班，万千觉得与同学们相处比过去的几个班更融洽。这个集体中的四年生活对他的成长是非常幸运的。

十一、不同寻常的中学时期

"超常"少年班是因材施教的一种形式，将年龄接近、智力接近的孩子集中在一起学习和生活是很有好处的。更为重要的是由于没有升学的压力，老师教得自如，学生学得自然。在这个适宜宽松的环境中，万千度过了他难忘的四年中学生活。至今中学同学仍是他生活中联系最多最亲密的群体。

少儿班的第一年，万千每天早晨六点就起床上学，有时上车后随着车的摇晃他在座位上酣然入睡，醒来车已过站又坐回头。从第二年起，他主要住校，锻炼了独立生活能力。在初中阶段，万千只凭记忆力强而学习。当时太小，每天的来回奔波耗去很大体力，晚上我一般不再让他学习，八点左右就需睡觉。在不怎么做预习、复习的情况下，凭着聪明他的成绩尚能处于班上的中游。但快速更新的学习内容、同学间针尖对麦芒式地竞争，使他改变了在小学时对学习内容深感乏味的状态，重新燃起高昂的求知欲望和争强好胜的精神。

少儿班的高中阶段，万千似乎成熟了许多，上下学的奔波和住校生活使他能像大人那样处理许多事情。理科出身而从事哲学研究的父亲宽阔的知识面、家中丰富的各类藏书，这些潜移默化的因素在万千身上的作用已明显显示出来。书香家庭给了他自由追求知识的影响和条件，他已经能自觉地思考和提出问题。这个阶段他不再是光凭聪明应付学习了，他观察别人、反思自己，形成了一套独特的学习方法，学习上安排的预习、复习既合理又快捷，学习成绩也直线上升。

由于没有升学的压力，所以少儿班的学习形式也就不“平常”，他们没有太多的重复生硬的学习，学生学得活是其特点。虽然学习的绝对时间相对“平常”学生少很多，但这并不影响孩子们所掌握知识的广度和深度。适当的对手间的竞争使他们更注重学习方法的掌握，他们之间最经常比试的是谁学得更快学得更活。

我很欣慰万千在这一时期已逐步形成了自己的学习风格，一种琢磨书的看书方法。万千学习时不“轻易”动笔，即使是符号很多的艰深理科书，他也总是边看边想，将书中的内容转变成自己的语言，这种能力的形成对他以后的深造是极其重要的。他得益于学校没有太多的作业和占用太多的时间，学习上他有较多的自由时间去发挥。四年中没有一个星期天补过课，没有一个周六下午的体育锻炼给占用过。在家里我认为星期日的休息和玩耍对他太重要了，一周有六天要上学已经足够，所以从小到大他没有去参加任何的补习班。在没有参加过任何奥校和华校的情况下，11 岁那年参加北京市高中奥林匹克数学竞赛获得优胜奖，这说明他对数理知识能很好地掌握，并且有很大的潜力。

中学时期万千实际年龄毕竟还小，童心未泯的他有这样多的游戏的对手和伙伴，下课后便是一门心思变着花样玩。从西瓜棋、跳棋、军棋、象棋到围棋，只要有几颗子就可以拼杀一盘；从乒乓球、羽毛球、篮球、排球到足球，只要有球就要去摆摆阵；玩扑克、叠飞机、打弹子更是花样百出名堂多。实在没有场地和对象玩时，从小就喜爱的沙堆也可尽兴。沙子和泥土是万千触摸大自然的最好玩具，从幼儿时他在沙丘上就百玩不厌，建城堡、挖地道……发挥想象且动手用力，细细的沙子铺出了童年的欢乐。

四年的中学时光很快过去，这段生活对孩子的成长是十分关键的，万千在德智体各方面都得到了较理想的发展。

十二、勇于进取

对于孩子的成长，家长最关心的是孩子能有出息，在事业上取得成功。而要做到这一点，强烈的事业心和进取心是必要条件。在对孩子的教育过程中，从小培养孩子的成功意识、进取意识是孩子成才的重要方面。俄国教育家乌申斯基指出：“人的性格主要是在幼年时期形成的。人在幼年时期形成的性格是非常牢固的，并将成为人的第二天性。对于这一结论，我认为是对的，并在实践中予以重视。对万千迫切希望通过自己的努力达到预期目的、做出突出成绩的想法，我们尽力肯定，并坚持不懈地引导和鼓励，使之成为其性格特征。

万千从小就有强烈的好奇心，有很强的独立意志，什么事情都执意自己做。我们积极鼓励这种行为，使他在自己动手的过程中增长才干，增强其成功意识。在他四岁时，父亲送给他一套适合七八岁儿童玩的比较复杂的机械组装玩具，这是给他买的第一件“贵重”礼物，其中有小起子、小锤子、小螺丝刀等等。开始时我们与他一起组装，指导他正确使用工具的方法，很快他就要求独立干活。当他按图并发挥自己的想象装出汽车、飞机等时，不管是如何的忙，我都会放下手中的事情来欣赏他的杰作，欢呼他的成功。当他将东西丢弃在一旁而半途而废时，我不会帮他收拾，而是要求他做事要有恒心，并尽力参与，与他一同完成。这套玩具由简单到复杂他玩了许多年，对他现在“巧手”的形成是功不可没的。

强调培养孩子的成功意识，并不是说事事要求孩子做成功，达到预期的目的。因为经不起失败的考验是一种脆弱的表现。社会竞争是激烈的，现实世界是异常复杂的，要教育孩子认识到这一点并能勇敢地面对它。在进取的过程中，只有经过挫折、失败甚至是多次磨炼获得的成功才是牢固的、有意义的。另外，也不可能事事都获得成功。有时，不成功也是一种成功，“失败是成功之母”就是这种含义。重要的是参与，是磨炼自己，培养一种百折不回、不断进取的精神。记得万千在八岁那年，我们全家去公园玩时，他看见卖一种电动飞机玩具，万千很想获得。他知道我们不会花那么多钱给他买这种玩具，用自己的“积蓄”来买也不合算，最后决定自己动手做，我们十分赞成这一决定。我们陪伴他跑了不少商店，买来木板、塑料片、小发动机等必要的材料以及教材，虽然花的钱不比直接买飞机少，但这更值得。在狭窄的卧室里万千“造”起飞机来了，锯、刨、贴等，他废寝忘食地干了好几天。困难比想象的大得多，飞机总也动弹不了，家中乱得大家都想打退堂鼓。到后来大家都憋着一股劲，协助他找原因，小心又耐心地折腾了好几次，飞机终于在屋子里旋转起来。这时连一向严肃的父亲也像孩子似的拍起手来。纵观整个“造”飞机的过程，其中所经历的失败使孩子更执着，也从中学到了更多的自然科学知识。虽然自己“造”的飞机既不美观又不耐用，比买的差很远，但它比买的珍贵千百万倍。后来他还自制了天文望远镜，拆装钟表，修理收音机等。对于万千所想干的，只要可行，不仅是我而且是全家所有成员都给予极大的鼓励和支持。万千不仅在智力上而且在动手能力上都有“天分”，后天的努力和培养是重要的因素。

常言道，一滴水可以折射出太阳的光辉，小事上的积淀必然表现在大事上。1990年春节期间同学相聚，谈到今后的打算，对万千触动不小。虽然他还未满 14 岁，但已是大学二年级学生，如何发展，自己已经开始思考了。他沉默思考了好几天，当他将争取出国留学继续深造的决定告诉我们时，我们跟他分析了面临的困难：首先，他必须突破语言关，托福与 GRE 的高分成绩是出国留学的必要条件。第二，当时政策只允许在大学三年级以前出国留学，而作为工薪阶层的家长，我们是无法支付他自费出国留学的经费的，因此必须争取到美国大学研究生的奖学金。这样就要在今后一年半中完成大学的全部课程，只有优秀的专业成绩才可能申请到美国大学计算机系的奖学金，这种奖学金外国学生是很难得的，竞争的激烈可想而知。经过努力还是拿不倒奖学金的可能性也是很大的，因此也得经受得起失败的打击。过去万千对英语的学习一直兴趣不大，对英语课程是十足的应付，所以成绩只要能够过得去就不再愿多耗精力。现在要在这样短的时间内完成这两项任务，他经过深思熟虑后下了决心和做出安排。这个决定在他发展道路上是一件大事，也是对他的毅力和能力的考验。

在此后的一年中，他的拼搏精神使我知道孩子已经长大，也告诉我自己，再大的困难只要有这种韧劲没有不能克服的。最后他取得了托福 630 分以上、GRE2100 分以上、六级英语 90 分以上的好成绩，同时每学期不少于十门以上的专业课成绩均在优良。他付出的努力，我看在眼里、疼在心里。但这一年也真正锻炼了他，他能够直面困难而上了。这种男子汉硬骨头劲也让我对他 16 岁就漂洋过海去求学的担忧减轻了些。

意志坚强、努力进取、勇于克服困难的性格是长期培养的结果。机会偏爱具备这种品格的人，努力一定会有报偿。不论孩子聪明与否，这种品格对其成才都是至关重要的，这就是我作为一个母亲的体会。

十三、待人接物需爱心

万千五岁时开始上学，跳过二、六两个年级，九岁进八中。四年后高中毕业，13 岁时戴着红领巾跨入北京航空航天大学，学习计算机专业。三年中，以优异成绩学完本科所有专业课程，为深造打下了良好的基础。稚气未脱的他此时漂洋过海去留学，不到 18 岁就获硕士学位。其论文获 1994 年全美超级计算机优秀论文奖，成为美国许多大学该专业的参考文献。此后相继在惠普和 SGI 公司工作，20 岁出头升任高级工程师。应当说他的路是比较顺利的。但他从不盛气凌人，与同学、同事的关系融洽，对父母、姐姐和亲友极其体贴。他爸说他是一个非常善良的人，正是这一点，最使我欣慰。

我去美国看望万千时，万千曾对我说，他很怀念小时候，有那么多亲人爱他、疼他，而他也是那么爱他们。与他们同苦、同乐，与他们交谈玩耍，是他最亲切的回忆。使孩子感受到被爱和学会爱是家庭对孩子教育最重要的方面，这是孩子身心健康成长的保证，从一生的长远利益来说，超过对孩子智力开发的作用。善良的情感是良好行为的肥沃土壤，是做人的基本素质。人们说三岁看大、七岁看老，即是强调良好的情感教育必须从小抓起。家长用自己的言行影响着孩子，孩子在模仿中学习做人。家长是孩子自然的模仿对象，家长自身善良的情感和行为一定会给孩子以极深地、潜移默化地影响。传统上中国家庭对子女的爱是博大无比的，爱是孩子身心健康发展的“精神乳汁”。

但是应该注意，家长在爱孩子时要教育孩子懂得爱、能感受到爱，使孩子体验到爱的意义。要使孩子随着年龄的增长知道父母在给予爱时所付出的辛劳，从而产生感激之情，从中体验到爱的力量。现在有些家长爱孩子似乎唯恐不及，孩子成了家中的“小皇帝”。家长要区别爱孩子和溺爱孩子是不同的，在溺爱中成长的孩子最不懂得爱，更不会去爱别人。所以对孩子的爱要藏起一半，这不是说只给孩子一半的爱，不是减少对孩子的爱，而是应该理智地去爱孩子，赋予爱更广博、更深刻的内涵。

万千从小就能感受到家中成员对他的厚爱，即使在婴儿时期，我们仍然用语言和行动告诉他这种情感以及应该如何表达。祖母身体极差，晚期癌症使她痛苦不堪，即使再难受她仍为孙子操劳。我下班后再累也会振作起来安慰老人、处理家务。日子虽然艰难，但长辈关爱晚辈，晚辈尊重孝敬长辈的融洽气氛万千很早能体会到，他看在眼中学在行动中。我记得他很小就已经懂得体贴人、安慰人，当祖母疼痛时，他趴在床上给老人又是锤腿又是揉腰，老人心情不好时他就摇头晃脑地给老人“讲故事”寻开心，不到三岁的孩子像个小大人，而这也是老人的止痛良药。每当万千去“按摩”和“安慰”老人时，老人都会立刻“舒服”了。老人与幼儿的爱与被爱的回报融为一体。

万千长大后情感仍丰富炽热，对亲人的关爱在点滴之中，即使远在海外当得知父母身体欠安时也会焦急万分，寻医问药。这种情感是从小的环境培育出来的，这已成为他生命的部分。

良好的待人接物习惯是孩子社会交往能力的重要方面。爱孩子就要时时培养孩子礼貌待人、真诚交友。家长要教导孩子在平时见到长辈、邻居、熟人应主动问好。家长对孩子应不偏袒不护短，要使孩子明白在家中每个人都处于平等地位。万千小时身体差，我就更注意教导他认识到家中成员要同甘共苦，绝不能养成好的归自己享用、事情却由别人去做的坏习惯。万千从小性格敏感，更使我感到落脚点应该是培养他对社会复杂性的适应能力，因此时时鼓励他交接朋友、接触生活。我认为家长要关注孩子的心中不但有自己，更要有他人，只有具有这种情感才会培养出今后的爱祖国、爱事业的情操。情感不是天生的，是后天形成的，是孩子与世界交往的结果。

今天，万千已成为一个大小伙子，他有很多的朋友。古稀老人称他为小兄弟，愿意把自己的人生沧桑向他倾诉；同龄伙伴视他为好兄弟，酸甜苦辣愿与他分享。这是因为他能热诚地为别人着想，在帮助别人的过程中也同时体验到内心的快乐和完善着自我。在美留学生中他是年龄最小者，他在校学习不仅取得了好的学业成绩，而且还担任学生会的许多工作，时时自觉地锻炼社会生活能力。每当学年交替之时，也是万千最忙之日。记得有一次我见他太疲累了，就忍不住询问他太忙了是否可以推却一些接新生、送老生的事情。他淡淡一笑回答我说："别人开口求你帮助已很不容易，你想想自己人生地不熟再遭拒绝会有多难受。我好好安排一下，时间还是可以挤出来。"孩子的话说明他已懂得负责任和关心他人，这种生活态度也使更多的人信任他，反过来，为他提供了更大的生活空间和良好心态。

十四、上下而求索

初秋的美国东海岸气候宜人，风景优美。1994 年超级计算机大会（The Supercomputing'94）如期在华盛顿航天馆召开。万千提交硕士毕业论文参加这次世界级的学术会议。当大会宣布万千的论文当选为优秀论文时，毫无精神准备的毛头小伙子一时慌了手脚，他还穿着 T 恤衫呢！在全场西装革履的学长导师面前格外显眼。突然，场上响起了一阵阵有节奏的"Gold duck""Gold duck"（万千所在学校的徽标）的喊声，大家在为他的成绩欢呼，对他当选表示祝贺。第二天，他向学界同人作了一场学术报告。第一次在这种场合上台讲演，最初三分钟心里紧张极了，甚至不知道手应该放在什么地方才好。随着论点的阐述和展开，心情才逐渐放松，思维也变得有条理了。讲演结束，按惯例要回答大家的问题。应答时他更为兴奋和自然，博得了热烈的掌声。这是万千在事业上的起步，也是他迈进社会参加工作的开端。面对科技的迅猛发展，世界日新月异的变化，我们高兴地看到，万千仍在不断学习，不断创新。

"路漫漫其修远兮，吾将上下而求索。"万千非常喜欢屈原的这句诗。我们期望着他在人生的道路上不断前进，发挥出自己的才能，创造出生命的价值。

为孩子的成长尽一分父母的责任

李　平

我的孩子

1985~1988 年北京八中少 1 班学生
1988 年考入北京大学
（本文写于 2000 年，修改于 2015 年）

题记：孩子，不仅是父母的财富，而且更是人类社会和国家的宝贵财富。因为人类社会的发展，国家和民族的未来，都寄希望于他们。因此，把孩子培养成对人类社会发展有用的人，是父母应尽的一分责任。

一、当好第一任老师

家庭是教育孩子的课堂，父母是孩子的第一任老师，也是孩子成长道路上任课时间最长、任课科目最多、影响最深的老师。古今中外一些有成就的名人，如孟子、爱因斯坦、居里夫人、杨振宁等，从小都受到了父母良好的教育。由此可见，父母的教育十分重要。

小孩子最善于效仿和学习父母的言行，也能最敏感和细致地领会到父母的思想和感情。父母的想法和做法一点也瞒不过孩子锐利的眼睛，父母日常生活中的一言一行，一举一动，每个表情、每种情绪都在教育和影响身边的孩子，对孩子的品质、性格的逐渐形成起着潜移默化、耳濡目染的作用。为此，我们在日常生活中，比较注意自身的修养，以自己尊老爱幼、团结友爱、文明礼貌的行动来影响孩子。海滨的祖母在北京居住期间，我们对老人在生活、医疗方面精心照料，有病卧床时端屎端尿，喂水喂饭。虽然我们并不富裕，但仍尽力支助弟妹和侄儿侄女来北京上学。所有这一切，都在海滨心灵中留下了深刻的印象。

随着社会的进步和科学技术的发展，人类社会已进入信息时代，尤其是广播、电视、电影、报纸等传媒，如今的孩子不仅知道的事多，而且对文学艺术、科学技术、医学等方面也十分感兴趣，充满好奇心，提出各种问题。这就逼着家长要努力学习一些科学文化知识，以满足教育孩子的需要。我们除注意看电视的有关科普知识讲座外，还购买了各类书籍，订阅了有关报刊与孩子一起进行学习，一起讨论问题。我们从实践中感到，父母的文化程度和科技水平不仅对孩子的智力发展有着重要的影响，而且父母刻苦钻研，勤奋学习、渴求知识的精神，对激励孩子勤奋好学也有重要作用。

父母的示范是一种最好的智力投资。因此，我们比较注意用自己的奋斗精神、才华和品格作示范，以激励孩子的上进心。海滨的父亲刻苦自学，在教学和学术上取得了突出成绩，成为当时军事学术界最年轻的教授；海滨的妈妈为适应工作需要，利用业余时间，多次参加英语和日语学习。所有这一切都对培养孩子的奋斗精神起到了潜移默化的作用。

我们特别注意为孩子创造良好的学习环境，在节假日，我们有不逛商店进书店的习惯。因此，孩子也有不逛商店进书店的习惯。为了不分散孩子的学习精力，我们除看每天的《新闻联播》和科普知识讲座外，基本上不看电视节目；为给孩子提供学习资料，除在图书馆给他借各种图书外，还订了《少年科学》《我们爱科学》《少年科学画报》等十多种报刊。

海滨 16 岁只身去美国留学，在异国他乡无亲无友，为了不使他在海外感到孤独，我们坚持经常给他写信，在生活方面给予指导和关心，在学习上给予鼓励，经常托人捎去或寄去他需要的衣物和书籍，使他有勇气和力量去战胜困难和阻力。当我们看到台湾著名作家刘镛给其在哈佛大学的儿子所写的书信集《肯定自己》《超越自己》《创造自己》很值得借鉴时，便把这套 18 元的书花 69 元邮费寄到美国，海滨读了之后来信说受益匪浅。

二、适时的早期教育

对孩子进行早期教育，就像种地一样，要把握播种的时机，过迟或过早，都将影响孩子的成长。在海滨两岁时，外祖父、外祖母发现他能将家里订阅的《人民日报》《解放军报》等报刊的刊头认出来，并能准确地将他们所要的报纸杂志送到他们手中，便开始有意识地教他认一些常用字。随着时间的推移，海滨认识的字已越来越多，在他四五岁时，我们不仅给他找书报杂志看，还购买了少年版的《西游记》《三国演义》《水浒传》以及童话、寓言等文学作品给他看，使他进一步增长了知识。

孩子早期教育的关键是启发和培养孩子的学习兴趣。爱因斯坦曾经说过，兴趣是学习的教师。只有孩子对周围的某一事物有兴趣，才会产生愉快的情绪和向往的心情，增强智力活动的积极性甚至达到欲罢不能、忘却疲劳的地步。海滨两三岁时就喜欢看书，看得入神时，吃饭时叫几遍他也不动，即使吃饭也是边吃边看书。对感兴趣的书反复看，还在书上做记号，进行点评。平时，我们比较留心观察孩子的日常言行和特点，一旦发现他对某一方面的兴趣时，便想方设法为他提供条件。海滨认字后，开始对童话、寓言感兴趣，我们就给他买有关童话、寓言的书籍，后来他又对科普读物感兴趣，就给买科普读物；以后对文学、军事感兴趣，就买文学、军事方面的书。就到图书馆借阅，稍大一点后，对棋类，尤其桥牌、围棋感兴趣，就买桥牌、围棋之类的书，以满足他求知的需要。

启发和培养孩子的学习兴趣，可调动孩子内在的学习动力和积极性。一旦发现孩子具有某种能力和兴趣时，一定要格外爱护，因势利导，提供发展孩子能力的机会。海滨两三岁时常和大人一起看电视和电影，看完后能把主要情节和节目中的细节等一一讲给大人听。我们觉得他在记忆力和表达能力方面颇有特长，便订阅和购买《故事大王》《一千零一夜》等刊物和书给他看。

海滨小时候有强烈的好奇心，对于他提出的一些奇怪问题我们从不轻易否定，以免挫伤孩子的自尊心，压抑孩子的求知欲。每当海滨对周围事物表现出兴趣和好奇，提出各种问题时，我们都尽量回答，遇到一时答不上来的问题时，就向他说清楚原因，然后去找到正确答案再告诉他，从不敷衍了事，尽力保护他的求知积极性。

早期教育要针对孩子的特点，因势利导，不要把家长的愿望强加给孩子，让孩子去做那些他不愿做的事情。海滨上幼儿园去了两次就不想去了，我们就不让他去，让他在家坚持自学；他对音乐、体育、书画等方面没有兴趣，我们就没有让他去学这些东西，而是针对他爱读书这个特点，为他订购各种书报杂志，并从图书馆借来了自然科学、社会科学和军事方面的书籍。广泛的阅读使他获得了丰富的知识。

写日记是提高孩子思维能力的一种方法，从海滨会写字起，我们就让他写日记，把周围发生的事和自己感兴趣的人和事记下来。他开始写日记时，就像记流水账，但随着时间的推移，慢慢地，他能把每天自己感受最深的事情记录下来。通过写日记，他不仅提高了写作能力，而且也增强了观察、分析问题的能力。海滨日记的许多内容都有独到之处，不少家长以及其表弟、表妹，曾把它们作为范文借阅。

为从小培养孩子的独创性，我们尽可能地给孩子提供一些发挥自己才能的机会，如买智力玩具，做智力游戏，讲想象力丰富的故事，买科普读物，以发展孩子的独创精神。海滨由于从小独创精神比较强，养成了不受人支配，不拘泥于前人结论，不在乎权威，敢于挑战的品格。在美国进行生物分子蛋白实验时，发现书上有的结论与实验结果不符，经过多次反复实验，大胆推翻了书上的结论，得到其导师的支持。

要使早期教育获得好的效果，宽容和谐的家庭环境十分重要。因此，在我们家里民主空气十分浓厚，孩子从小就可以无拘无束地同我们交谈，对各种事情发表自己的看法，同我们平等讨论问题。对我们提出的问题，不妥当的地方他可以提出意见和批评，对孩子所提出的意见，即使有不妥的甚至错误的地方，我们也不指责批评，而是平心静气地与他交换看法，从而使他在心理上没有压力，在各方面都能得到正常地、自然地发展。

三、把智力开发的重点放在能力培养上

开发孩子的智力，不仅要向孩子传授知识，更重要的是要培养孩子的认知能力（观察、逻辑思维等）、学习能力、创造能力以及心理承受能力。

首先，是提高孩子的认知能力，我们根据海滨小时爱看课外读物，勤思考，善观察，爱动脑筋的特点，为他订有报刊和购买图书，还在图书馆借了许多书籍供他阅读。有时还耐心地给他讲其中的有关问题，启发他思考，培养他多元化思维的能力。节假日和星期天常带他去参观博物馆、科技展览等，让他开阔思路，扩大知识面，为提高认识能力打下基础。

其次，要让孩子在学习的实践中不断总结和摸索适合自己的科学学习方法，提高学习能力。当海滨两岁会认字时，我们发现他有时认半边字，如把“许”读成“午”字等；后来又发现他之所以认识许多字，是他自己发现了汉字的结构规律，利用偏旁部首的相似性认字。我们一方面鼓励他注意总结学习方法，一方面教给他汉字结构规律及正确的读音方法，使他很快掌握了利用偏旁部首认字的方法。海滨十分注意读书方法上的科学性和灵活性，重点书籍反复阅读，一般书籍随手翻阅，无关紧要的书则挑着看，用他的话说，就是把泛读、精读、快读、细读结合起来。泛读，就是博览群书和有关报刊；精读，是从许多有关书籍中挑选其有代表性的精品反复阅读；快读，是提高看书的速度，趣味之处仔细看，无趣之处一目十行；细读，是对书中的重要情节、主要观点如同吃东西一样，细嚼慢咽，力求消化，真正掌握。这样日积月累，持之以恒，学识就会逐渐渊博。随着年龄的增长，海滨对不同的书有不同的爱好，常常在一定时间内把主要精力和时间用于集中阅读他所喜爱的书籍。有一段时间他爱读童

话、寓言，为此他读了许多这方面的书，研究童话和寓言的特点、写作方法和技巧，并自己动手写寓言；小学四年级时，他对天文特别爱好，看了许多有关这方面的书，多次参观北京天文馆，坚持每天记录天气变化情况；上高中时，他对物理特别爱好，又读了许多物理学方面的书。

海滨两三岁时喜欢蹲在地上看蚂蚁，后来又对斗蟋蟀、公鸡打架、猴子爬树、天上的星星等有着浓厚的兴趣。对此，我们引导他用学过的知识去观察这些事物，并把它记下来，提高他观察事物的能力。上小学养蚕时，他自己动手养蚕，喂桑叶或莴笋叶，观察和记录从蚕卵出壳到吐丝结茧的全过程，他在日记中就生物物种进化、丝绸发展史、现代化养蚕及养蚕方法发表自己的看法。

此外，我们注意培养海滨的想象力，买了科幻读物和《伊索寓言选集》《世界童话选》和《世界寓言故事选》等书籍供他阅读，使他的思维逐渐冲破狭小的生活领域，超越时空飞向更广阔的世界，去追逐那些富于幻想的知识火花，激发出丰富的想象力。通过阅读激发了他的创作激情，自己开始写打油诗，编写小故事，创作童话和寓言。他编写的寓言故事《公鸡和橘子》《猴子审案》获得《小学生作文报》全国小学生作文竞赛征文优秀奖。

在海滨的想象力有了一定提高之后，则注意培养他的创造性思维能力。我们购买和借了关于创造性思维和一些科学家发明创造的书给他看。小学四年级时，他对天文学方面产生了浓厚的兴趣，阅读了一些天文学方面的书籍，并自己动手把甲子年从正月初一到腊月三十全年的气象情况加以记载，然后进行总结归纳，把全年的气温变化、天气情况、天气之最、白天长短变化趋势、太阳高度变化和植物特征等分别整理和绘制成图表。一位气象工作者看后十分惊讶地说："真不简单，记载得真精确、全面。"

海滨八九岁时，就对分析判断、综合归纳等逻辑思维问题十分感兴趣。当他看见爸爸的大学《形式逻辑学》这本书时，便拿过来自己阅读，看不懂的地方就问爸爸。读完《形式逻辑学》后，他又要爸爸去借《辩证逻辑学》。几本关于逻辑学的书籍使他增加了不少逻辑思维方面的知识，对他提高逻辑思维能力起了重要作用。从此以后，他比较注意在生活和学习的实践中运用所学的逻辑学知识，如把家里的各种书籍逐一分类编号，井井有条地码放在书架上。

四、把做人放在第一位

孩子的童年和少年时期，是智力发展、品质和性格形成的关键时期。儿童的成长不仅取决于智力，而且取决于良好的个性品质。因此，从小重视对孩子的品德教育，养成良好的思想品德，做一个有益于社会的人，是家长第一位的责任。

平时，我们经常用自己的经历和实际行动对孩子进行艰苦朴素的教育。海滨的妈妈勤俭持家，为孩子理发，大人孩子的衣服她自己做，毛衣也是自己编织。哥哥穿旧的衣服、鞋子给海滨穿，他穿了之后又给在京上学的表弟穿。所有这一切，海滨都看在眼里，记在心上，使他从小养成了不乱花钱，不计较吃穿的艰苦朴素的习惯。海滨上大学每月只花 45 块钱伙食费，从不乱花一分钱，还把节省的粮票换日用品、小书架之类的东西。在北大获得的奖学金一分不少地交给妈妈。我们深深感到，艰苦朴素是他的一种美德，在物质条件越来越好、生活条件越来越优越的今天，培养孩子艰苦朴素的精神就显得更为重要。

劳动习惯也要从小养成。海滨能动手起，他自己洗手帕、袜子，吃饭洗碗，起床叠被子。稍大后，家中打扫卫生、倒垃圾由他和哥哥轮流做。自己的桌子、书包自己收拾。这些平凡的家务劳动，有助于孩子从小增加对家庭和社会的责任感，懂得尊重别人的劳动成果，学会为别人着想，对锻炼孩子的生活自理能力自己的事情自己做。

为了防止孩子的优越感和盲目骄傲自大情绪的产生，我们还特地购买了《少年大学生的童年》《爱因斯坦的故事》《古今中外神童八百例》等书让他阅读，让他有自知之明，懂得天外有天，不自满也不甘落后，不轻视周围的任何人，永远上进。在生活和与人交往中，我们对他严格要求，从不给予特殊照顾，以养成他谦虚谨慎、宽容好客的品质。

我们重视对孩子自强自立的教育，帮助孩子树立积极乐观的思想，让他通过自己的劳动来获得自己所需要的东西。海滨的爸爸经常给孩子讲一些名人伟人奋斗的历程，海滨利用假期去当过家教。我们并不是要他挣多少钱，而是培养他自强自立的精神。

我们教育海滨不要忘记老师的教诲和关心，使他懂得“一日为师，终身为父”的道理，养成尊重老师的品格。海滨虽然目前在学业上学有所成，但他把这些成绩都归功于老师的教导。对于曾经教育过海滨的老师（包括大学的导师），他都永远铭记在心。每次回国都要去看望他们，感谢老师的培育之恩。

爱因斯坦说：“在天才和勤奋之间，我毫不迟疑地选择勤奋，它几乎是世界上一切成就的催产婆。”爱因斯坦一生的伟大成就，来源于他一生的勤奋。从小我们就以爱因斯坦勤奋好学的精神来教育孩子，培养孩子勤奋的品质，从海滨开始认字起，我们就常给他讲古今中外“少壮不努力，老大徒伤悲”的教训和一些有成就的人在青少年时代努力奋斗，勤奋学习的故事，激发他的学习热情。

五、有志者事竟成

让孩子从小立志，树立远大志向，对于培养孩子克服困难的毅力、百折不挠的意志和敢作敢为、勇于创新的精神是十分有益的。我们给海滨讲古今中外有成就的人为实现自己的理想而艰苦奋斗的事迹，借一些名人传记的书给他看，鼓励他从小立志，为实现自己的志向打下基础。尽管海滨从童年、少年到青年时代，由于环境不同而有不同的志向，但每个时期都有一个为之奋斗的理想。

从小开始，我们重视海滨意志力的培养，给他讲愚公移山、铁杵磨成针等故事，推荐他阅读《钢铁是怎样炼成的》《把一切献给党》等书籍。由于海滨有比较坚强的意志，凡是他想办的事一定非办到不可。进入北京八中后，他确立了争取三年学完中学的课程，提前考大学决心，他付出了艰辛地努力，如愿以偿。在 13 岁时考入了北京大学物理系，进入北大后，开始由于对学校在生活管理、教学方式等方面的变化不太适应，感到有压力，后经调整心态，克服了困难，适应了新的环境，通过三年不懈地努力，经过考托福、GRE，在大学三年级时获得了全额奖学金赴美国攻读博士研究生的机会。由此可见，坚强的意志，是战胜困难，达到奋斗目标的重要保证。

"我相信，别人做不到的事我能做到，别人能做到事我会比别人做得更好。"这是海滨常说的一句话。他不仅立志，有奋斗目标，还有为实现自己的奋斗目标的自信心。没有实现目标的坚定信心，望着远大理想空想，或望而生畏，是无法到达理想彼岸的。当他以数理化三科平均 92 分的成绩被北京大学破格录取时，只有 13 岁，比他同级的同学小四五岁，而他同级的同学大部分是各省市物理竞赛中挂了名的尖子。面对强手如林的局面，他自信地说，他们能学好，我一定会比他们学得更好。通过两年的努力，他终于挤进了年级的前五名。可见强烈的自信心，对于激发上进心有着极为重要的作用。

有了理想、目标，树立了信心，还必须为理想的实现脚踏实地地努力，艰苦攀登。海滨很少空谈，总是一步一个脚印地踏实向前迈进。当他准备改行攻读计算机和管理博士时，除了完成导师规定的任务外，还利用课余时间、双休日、放假时间学习这两门学科的专业课程，到图书馆查找有关资料，向有关老师请教，去旁听有关专业老师的讲课。功夫不负有心人，艰苦的努力和刻苦的学习，使他终于如愿以偿。在获得生物物理博士学位之后，又考取了哥伦比亚大学商学院科学管理博士生（全额奖学金）。

孩子的成才，家长的教育、引导固然十分重要，但仍需要通过孩子自身的努力去实现。因此，孩子对什么感兴趣，有什么样的奋斗目标，父母应该尊重孩子的选择，不要把父母自己的意愿强加给孩子。孩子只有对某件事情产生兴趣或者有了对未来的打算，才有做好这件事情的动力和毅力。父母硬要孩子去做那些不情愿做的事，孩子是很难干好的。所以，在孩子上什么学校，学什么专业，将来干什么等方面，我们从不把自己的意见强加于孩子，而只是提供参考意见和为他创造条件。

海滨在通向成才的路上，只是万里长征迈出了第一步，今后还任重道远。

培养孩子全面发展

小　寒

我的孩子

1985~1989 年北京八中少 1 班学生
1989 年考入哈尔滨建筑大学
（本文写于 2000 年）

题记：帮助孩子找对自己的位置是非常重要的，不要让孩子做不切实际地比较、不切实际地追赶。每个孩子各自的优势、特点不同，因此，成绩名次的退后并不是学习成绩的下降，家长不要以此来要求孩子，教师也不要以此来衡量学生。

小雨 1974 年 9 月出生，9 岁上中学，10 岁上北京八中少儿班，12 岁参加美国数学天才少年选拔测试获“数学天才”称号，14 岁考入哈尔滨建筑大学，19 岁毕业。在建设部居住建筑与设备研究所工作，她参与的设计在国内外多次中标获奖。

一、适时进行早期教育

小雨从小就是个善于观察、善于模仿的孩子，她说话很早，1 岁已能明确地表达自己的意思。在幼儿园里画画，背儿歌、做手工，她总是给小朋友做示范，最喜欢的是在数学课和图画课上当老师。因其智力发育较早，又爱学习，我们适时地进行了早期教育，两岁时就能认读不少汉字，幼儿园大班的孩子常常拿着小图书找她念；4 岁时已能读《安徒安童话》《法国童话选》等。读书为她开启了新的世界，她的思维活跃起来。6 岁时，她与姥爷讨论郭沫若的《出土文物二三事》，许多大人都不爱看的书她居然读了，还能说出一二三。由于大量阅读，她的分析能力也随之提高，7 岁时我曾拿当年的高考语文试卷给她做，20 分的现代文分析她竟然得了 18 分。

小雨性格活泼、外向，有什么感受会主动地表达出来。5 岁时去颐和园春游，回到家就写了篇作文，还是自己钉的本子，自己打的格子，写了十几页，虽然只是流水账，可老师还是高兴地在班上朗读了她的第一篇作文，一篇没人布置、完全自发写成的作文。我比较珍视孩子自发写出的文字，自发画出的图画，自发做出的手工，这些“作品”好坏不论，贵在它们体现了孩子的想法，融入了孩子的感情，显示出孩子最初的创造精神，“小荷才露尖尖角”，作为家长、作为老师，要善于发现“小荷”的“尖尖角”，要给予鼓励，给予培养，使之生叶、开花、结果。后来，小雨的作文一直不错，中考的作文还被选登在《作文报》上。小时候家里给她订的刊物主要有《少年科学画报》《智力世界》《儿童文学》和《儿童音乐》。

两三岁的她已经会算简单的加减乘除。一岁多时为了使她逐渐了解数的概念，我让她从实物认识数，而不是凭空记忆。如教 100 个数，正着数，倒着数；二个二个加上，五个五个减下来等，让她手拿着火柴棍准确地表达出来。这样孩子慢慢有了数的概念，二是多少，三个是多少。算术与认字不同，比如一首儿歌，可以先背下来，再去一个个指认。算术则不然，必须懂，懂了才会算。一的概念是什么？二的概念是什么？必须以实物示之。学到“小九九”，可以先背诵，但也得知其所以然。我是加减乘除一起教的，开始是 20 以内的计算，但不用术语：“把八个苹果分给四个小朋友，每个小朋友有几个苹果?”“每个小朋友有三个小球，两个小朋友有几个小球?”孩子很快就接受了，而后再用术语，加减乘除就学完了。这是先学应用题再学数字题，是先具体后抽象。

小孩子都喜欢听故事，喜欢听故事是孩子的天性，特别是喜欢听妈妈讲的故事。小雨小时，晚上不必说，午睡也要先讲故事，到了寒暑假这故事便一天也不能少。讲了中国的“笤帚疙瘩来二门”，讲了外国的“小红帽见到狼外婆”，故事早就讲得差不多了，况且我也没那么多时间给她备故事课呀！怎么办呢？我便与她一起编故事，一起讲。孩子听故事常把自己投入故事中，爱和恨也随情节的进展而变化。通过听故事孩子可以认识世界，懂得真孝美，家长可以把一些不易懂的道理编成故事来教育孩子，从小培养孩子善良、无私的品德；更为重要的是通过听故事，还可以充分发挥孩子的想象力，故事可以给孩子的想象力插上翅膀，培养她们的形象思维能力。我感到讲故事、看童话书的最佳时期是 8 岁以前。儿童幼稚、单纯，童话故事最能打动他们的心，引起共鸣，他们深信故事中所讲的道理，会以童趣之心想象故事的情节，也会走进故事中去感受。

二、培养孩子的动手能力

小雨五岁那年已上小学，学校要进行手工比赛，她在家里用了三个空火柴盒，搭成了一个既简单又漂亮的小房子送去参展获得了一等奖。当时完全没有想到14年后她真成了名建筑师，工作在建设部居住建筑与设备研究所，其设计在国内外多次中标获奖。小雨4岁时还在幼儿园，暑假的一天炎热异常，中午一两点钟小雨也不睡午觉，在大太阳下用小铲子铲了一大堆土。用小玩具桶一桶一桶地拍在火热的墙上再用手抹平，墙面烫得很，湿泥巴一抹上去立即冒出热气，干结在墙上。就这样，她抹了一大片，有一米宽两米多长。再看她，满脸通红，大汗淋漓。

小雨喜欢养小动物，养过小鸡、小鹦鹉、刺猬、乌龟、金鱼、泥鳅，甚至还养过三只小壁虎。让它们在家里过冬，说壁虎是益虫，应该保护它。还养过许多蚕。

从卵到幼虫到成虫再到茧，那一个夏天她们每天都到树林里去采桑叶。从小动物那里，孩子们得到无限的快乐，学到了一些保护动物的知识。所以家长应鼓励孩子和小动物交朋友，让他们走进大自然，感受大自然，热爱大自然。

三、让孩子有善心、有爱心，乐于助人

六岁时，有一次小雨和小伙伴燕燕相约去奶站取奶，在回家的路上，燕燕不小心摔了一跤，奶瓶摔碎了，奶也洒光了，燕燕哭起来，说回家妈妈要骂她。这时小雨便把自己的奶瓶送给了燕燕，自己空着两手回家来。当她把这件事告诉我的时候，我心里很高兴，在这种情况下，她不用问妈妈自己就可以做主处理事情，真是太好了，这说明我平时对她的教育起作用了。

我教育孩子最重要的一条是：“绝对不能自私，自私的孩子是没有出息的!”孩子很小时我们就这样教育她们，并且自己也以身作则。我一向认为，德育重于智育，一个孩子道德品质优秀，智力不一定优秀，将来也能成为社会有用的人才，也可以成为造福人类的人；如果道德品质败坏，智力再好，那也不能成为有用的人，反而会成为社会的祸患。重德育应该从小开始，如孩子几个月大刚懂事，当她在吃东西时就可对孩子说：“先给奶奶吃!”抱着孩子拿着东西送到奶奶手里；小朋友来玩，吃东西时，叫孩子把吃的东西先拿给小朋友吃；玩具先拿给小朋友玩。小雨和姐姐小时特别喜欢和小朋友一起玩，每次都主动把玩具全拿出来和小朋友一起玩。学校大扫除，我从来都给她们拿家里最大的扫帚。有一次，邻居小朋友找小雨一起去学校，见小雨拿

了一把大扫帚，就说：“你妈让你拿大的吗？我妈不让，我妈给我拿扫厕所的小笤帚！”说得很委屈。孩子都是要强的，都有自尊心，你想他拿个小笤帚头到学校怎么扫地呢？同学们会嘲笑他，说他小气，不爱干活。对这种小事家长可千万要注意，别让你的孩子受委屈！没吃好，没穿好，家长会觉得孩子受委屈了，其实孩子拿小笤帚头到学校扫地才真是受委屈了。集体的事，我总是鼓励孩子多参与，如打扫卫生，公益活动，捐款捐物，一定得保护孩子的积极性，支持他们的行动，让他们从小有善心、爱心，乐于助人。有一次，老师告诉我：“我在班上讲非洲灾区的小朋友没有饭吃，你们小雨两眼都是泪，她捐了三块四。男生说她傻，三块四能买多少根冰棍呀（那时冰棍五分一根）！”我也常常有意地带她们做些对集体有好处的事，比如看到楼道墙面脏了，被孩子们涂得乱七八糟，我就带孩子一起用白粉把楼道粉刷一新。春天到了，我们在楼前挖出一片地，撒上花籽，两个孩子又带上几个小朋友，天天观察、浇水，后来大花坛开满了鲜花，他们的劳动有了收获。这些鲜花既美化了环境，也美化了孩子幼小的心灵。

上大学时，小雨发现同宿舍的一个同学眼珠发黄，担心她可能得肝炎了，就带着这个同学去哈医大看病，结果真是急性黄疸性肝炎。这时有的同学怕传染不敢接近她，可小雨却待在医院陪她看病，帮她办手续并看护她。

谈起德育会让人觉得空泛，不像说起智育那样具体。我的体会是德育要从小抓，比智育还要早。因为婴儿小时智育体现如动作、语言等较多地倾向于婴儿的本能；德育则需费点劲，需要反复多次的示范。婴儿最初自然的道德体现为“自我”，带有自私的性质，所以一定要教育他们懂得除“我”以外还有“别人”，慢慢学会尊重别人，帮助别人。教育孩子“不自私”是最起码的、最根本的。只有不自私的人才能关心别人，才会有集体主义的观念，才能有爱国主义的思想。

四、提高孩子的艺术修养

姥爷是个老油画家，1990 年来京小住，每天都要带着一瓶水、两个烧饼外出写生，一去就是一天。赶上星期天，也会领着小雨和姐姐一起去。我有时也会带小姐妹俩出去写生。另外孩子的舅舅有时来京，也教她们画国画，小雨喜欢画小猫咪，她们的画都参加过区、市里的展览。

受姥爷影响，家里艺术气氛较浓。小雨从小受熏陶，表现出这方面的爱好，在幼儿园、学校里表现尤为突出。当时经济条件不允许，只能给她们买个漂亮的玩具钢琴，孩子们就在这个心爱的小钢琴上弹奏小歌曲。小雨四岁时在这个小琴上弹了首歌

《春天来了》，歌词是："春天来了，春天来了，草儿绿了。花儿开了，小鸟唱歌了，春天来了，春天来了。"后来在八中少儿1班她又谱写了少儿班班歌："不要看我们年纪小，我们的志气冲云霄……"姐妹俩五六岁拉手风琴，九岁弹钢琴。上中学、大学她们也没扔，吉他、手风琴、古筝、钢琴她们都玩，还帮助学校乐队搞电声配器，这些文艺活动大大地丰富了她们的大学生活。大学毕业后，她们又开始了第二学历音乐专业的学习，进一步学习乐理论知识。

音乐教育、美术教育对儿童、少年是必不可少的，欣赏音乐美术作品，自己演奏、绘画，都可以陶冶孩子的情操。小学的功课不紧，有条件的话可以让孩子在空余时间学习音乐、美术，但不要逼迫孩子非要达到什么程度，因为学音乐、美术只是进行美育，提高欣赏能力，改变自己的修养和气质，是进行素质教育的内容之一，而不是为了当音乐家、画家。当然当音乐家、画家的也有，但那是少数人。

儿童画是儿童思维能力的具体体现，应主要看儿童的想象力，绘画技巧应属其次，如果绘画过于逼真、过于理智那将失去童趣。我比较注重孩子的自发行动，这些自发行动往往表现出孩子的创造精神，如自制贺卡，用身边的材料做小工艺品，用碎布缝小包以及游戏时自己发明一些规则、方法等等。小雨小时候和小朋友跳皮筋，创造了一种叫"大母鸡"的跳法，至今我们这里的孩子们还在跳。我认为应该在孩子的自发行为中发现孩子的特长，并鼓励他、支持他根据他的个性发展来确定他的努力方向，而不是按照家长的愿望强逼孩子去努力，在音乐教育、美术教育方面也应如此。

五、帮助孩子走出困境

1976年7月28日，唐山大地震发生了。小雨的父亲是首都机场的一名领航员，那时正在天津机场给来自全国各地的领航员学习班讲课。28日夜里地震来临时，素来敏感的他当即冲到走廊把学员们呼喊起来，等到学员们都跑下楼梯，他才尾随出去。当他刚跑出楼时，楼房的墙倒塌下来，将他砸倒，结果头受重伤，左腿截肢，急救处理后转往了上海空军医院。11月，当小雨看见躺在床上的爸爸时惊呆了，半天才说："这个人长得像爸爸，可他不是我爸爸，我爸爸有两条腿，他只有一条腿。"在场的医生、护士都流下了眼泪。这次家庭变故给天真快乐的孩子罩上了一层阴影，她总是说："地动了，房子倒了，爸爸也倒了。"过了几天，小雨带着解不开的迷惑回到哈尔滨。这是两岁孩子的第一次困惑。

10岁时，她经历了人生第二次困惑。她5岁入小学，9岁上初一，六年级没上可初一期末考试八个班她还是第一，数学得了全年级唯一的 100 分。10 岁时她以第五名的优异成绩考入北京八中少年班，第一学期她得了班上第一名，可第二学期，排名 14。对这个名次变化她没有心理准备，从来都是第一名的孩子接受不了第 14 名这一现实。过去，她并不用功，轻而易举就得第一名，保持第一名，没有人能同她竞争，可现在排名一再下降，她心里发慌了，弄不清是怎么一回事。她本是一个要强的孩子，于是暗下决心，努力学习，真的是比小学用功多了，但效果并不理想，语文较好，数学也行，物理尤其化学则差得多，名次没有提前仍在下落。这下子她困惑了、苦恼了，先前活泼自信的笑容不再出现在脸上。

其实，从上小学起，我们对她和姐姐的学习成绩就没有要求，总是让她们轻松地学习，轻松地考试，小学晚上八点多睡觉，中学晚上九点钟睡觉，考试期间也不例外。晚上从不学习，或看会儿电视，或弹弹琴什么的就睡了。考试的早晨小雨喜欢问我："妈妈，今天让我考几分?"我总是说："没关系，考几分都行。""要是不及格呢?""不及格也没关系。"可姐妹俩总是考得很好。心理上也就没有受到过考验。上了八中名次的突然退后，她接受不了。八中少儿班的孩子都是最优秀的，智商一个比一个高。从小学三四年级来的，开始成绩不太好，经过一段时间补课后突飞猛进，排在头几名；有的在数理化科目上显出优势，遥遥领先。小雨第一学期排在第一，是因为她刚刚学完一年级的课，排在一二十名那才是她真正的位置，所以几轮考试后这个位置就固定了。对于这一点，我们有足够的思想准备，我们跟小雨说："考第几都没有关系，你们都是优秀的学生，都是智力超常的孩子，30 多个学生不可能都考第一呀，总还会有二三四，即使最后一名也是好学生；再说人各有所长，将来走到工作岗位上，都会是优秀的，不必拿自己的不足去比别人的长处，应该看到自己的长处。你的文科不错，数学也可以，只是理化较差；你还会画画，审美观念强，又会弹琴谱曲，韵感美感强；你的想象力、观察力丰富，将来选择你的专业时，可选择那些有创造性的、可造型的，比如建筑学、园艺学等。虽然数学你比不上小虎、化学比不上强强、物理比不上大昊、英语比不上小清……可要学建筑学，他们也不一定比你强，你看天上的星星，各有各的位置，正因为这样，才有满天繁星的壮观景象。所以名次只是现在成绩的一种排列方式，它既不是综合能力的评价，也不能代表将来的工作业绩，不必计较排名第几。"后来经过一些老师的帮助，家长的引导，特别是小雨自己的痛苦思索，她终于找到了自己的位置，走出了困惑，又开始笑了。经过这一次困惑的考验，她长大了，变成熟了，也更加自信了。

我觉得帮助孩子找对自己的位置是比较重要的，不要让孩子做不切实际地比较，不切实际地追赶。在超常生班上，在客观条件大致相同的情况下，主观条件显得很重要。每个孩子各自的优势、特点不同，因此名次的退后并不是学习成绩的下降，家长不要以此来要求孩子，教师也不要以此来衡量学生。即使是普通学校的普通学生，也不应单凭成绩来给学生排名次，综合素质才是最重要的。

人总会有这样那样的困惑，有大的、有小的；有一时的、有长期的。人必须学会克服心理障碍才能走出困惑。对于孩子，则需要老师、家长的关心、爱护和帮助，让他们正确地认识自己、客观地看待别人、敢于面对现实走出困惑，重树自信，满怀热情、积极切实地投身于学习和工作中。

六、以童心童趣去体会孩子的心

每一个孩子都有任性的时候，老实说，大人又何尝没有？这时不必去责备孩子，要以童心童趣去体谅孩子，弄清他想要做什么，为什么要这样做，然后再想办法解决。

孩子喜欢玩，他们没做完游戏是不肯放弃的。有一次，小雨和姐姐在院子里玩，该吃午饭了，她爸爸出去怎么叫，她们也不回来。我出去一看，她们正在沙堆上玩堆城堡的游戏，堆出几个小城堡，再你一下我一下地把沙堡扒倒，而上面插的小旗还不能倒。于是我说："也算我一份。"就你一下，我一下很快就完成了，然后和她们高高兴兴地回家吃饭。

孩子都喜欢在雨地里淌水玩，而大人们往往不允许，总是说："别踩水，走干道！"其实孩子们弄湿了衣服并没有多大关系，他们在水里走着玩，却可以获得很大的乐趣。孩子们跳皮筋磕破腿、学溜冰弄脏衣服也算不了什么，我总是鼓励孩子到外面去玩，痛痛快快地跑、跳，也可以说是"疯跑"，而不要总待在家里看电视，更不要边学习边玩，注意培养孩子良好的学习习惯，学就好好学，高效率地学；玩就痛痛快快地玩，大运动量地玩。

有一次，小雨从幼儿园回来，口袋里装了几块动物饼干，一问才知道是她在幼儿园储物室拿的。当时老师让她去拿玩具，她看到一个小盒里有好多小动物饼干，就挑了几块放在口袋里。对此，我没有简单粗暴地训斥她，而是给她讲道理。第一，小孩子应该听老师的话，老师让你拿玩具，没让你拿饼干，你就不能拿饼干。第二，你喜欢的东西但不是你的，你就不能拿，你可以回来对妈妈说，可能的话，妈妈会给你买。第二天我让她送还给老师，并认了错。事后分析原因，我认为自己也有责任，以前我总认为动物饼干质量不好，含有糖精，从不给她买，但她毕竟是个两三岁的小娃娃，孩子喜欢小动物，也喜欢小动物饼干，见到小兔、大象的小饼干自然会爱不释手。后来我买了些动物饼干给她，她果然很喜欢，一样一样地挑出来摆着玩。教育小孩子用词一定要恰当，孩子小，尚无邪念，一定不要用邪恶之词，要注意保护孩子纯洁的心灵。

孩子惹了祸，不要急着先让孩子说清楚为什么这样做，只对孩子讲清楚为什么不能这样做和应该怎么做就行了。我不主张打骂孩子，更不能侮辱孩子，对孩子要晓之以理，可直接讲道理，也可以讲故事，比如小的孩子，喜欢听故事，那就可以通过讲故事让他明白道理。孩子犯了错误如果只是童心童趣，那就随他去，让他玩个痛快；如果是无理取闹？可先转移其注意力，领他干点他喜欢干的事，再规劝或讲故事，让他明白道理；如果是大人的责任，则要勇于自我剖析，想法补救。总之，要以童心童趣去体会孩子的心，要让孩子生活得愉快、活泼、健康。

成长的力量

任　萍

我的孩子

1989～1993 年北京八中少 3 班学生
1993 年考入北京航空航天大学
（该文写于 2015 年）

题记：2008 年汶川大地震，举国悲伤，我的儿子在法国除了捐款救灾，还受托押送着可装载五六百人的飞机载着救援物资直奔成都。在写这篇短文时，我发现了民政部颁发给他的感谢信。据我所知，国内只要发生自然灾害，他都会捐款捐物，献爱心是他一生的追求。

我的儿子离开八中已有 20 多年，但每每想起他在少儿班生活学习的日子，对他以后的发展起到的作用，至今仍不能忘怀，留下了美好的回忆。

首先，学校教给他做人的道理：要做一个有理想有作为，勇于担当，能吃苦耐劳，富有自我牺牲精神，奋发图强，生活低调的人。

说到这里就不会忘记潘波涛、龚宝华、王竹颖等老师的谆谆教导，无微不至地关怀，使他学会了严格要求自己、刻苦奋斗，成为身心健康，具有不惧困难、坚忍不拔精神的人。步入社会后能很快融入社会。无论是原先的同学同事，还是现在的外国同事都对这个文静的年轻人，对他的为人，严谨的工作作风和生活态度，称赞不已，刮目相看。这其实都与少儿班不单学会了文化知识，更重要的是学到了做人的道理密不可分的。在此只举两个例子。

杜老师的生动活泼、形式多样的体育课，对他人生旅程能吃苦耐劳，坚持锻炼，永不服输的精神，起到重要作用。上大学后，面对比他大四五岁的同学，一起参加各种活动、劳动、军训……只要是别人能做到的，他也要做到。当然，他要付出更大的努力。很多从边远地区考来的同学生活比较艰苦，所以他在生活中很注意自己的衣食住行，很低调。节假日还会把同学请到家中改善一下生活，让他们感受到温暖。后来当了班干部，更是严格要求自己，得到师生们欣赏和爱戴，这与他在少儿班受到的良好教育分不开。

再比如英语李老师，总是利用课间饭后，争分夺秒地让他们练口语，这对他以后发展受益匪浅。刚参加工作，他的能力就已显现出来。同事们文化层次都很高，又多为外籍技术人员。他自信心很强，用英语与他们沟通，得心应手，毫不吃力。出国开会、讲座，展现了他的能力。甚至有一次一个外籍参会人士问他："你的英语是不是在美国学的?"还有几次，因为翻译人员不懂航空专业知识，翻译不下去，只好让他临时客串翻译。后来他去法国学习又留法到著名欧盟企业，同事中英法德人多，他外语能力与他们交流非常便利，同事间没有任何隔阂。他工作能力、肯吃苦、业务精湛，受到大家称赞。

老师们言传身教，教会了他如何做人，就不一一述说了。2008 年汶川"5·12"大地震，举国悲伤，他在法国除了捐款救灾，还受空中客车公司和大使馆委托，送救援物资直奔成都，参加抗震救灾工作。我在写这篇短文中还发现了民政部颁发给他的感谢信。据我所知，国内只要发生自然灾害，他都会自发捐款捐物，献爱心是他一生的追求。

寥寥数语，用以感谢少儿班对他的培养和教育，他取得点滴成绩，是老师们教育的结果。

毕业以后的几件小事

秋阳尔措

我的孩子

1993～1996 年北京八中少 5 班学生
1996 年考入中国科技大学少年班
（本文写于 2015 年）

题记：儿子提前一年从少儿班毕业，12 岁考入中国科技大学少年班。17 岁于中国科技大学毕业，进入美国哈佛大学。22 岁获得哈佛大学博士学位。
31 岁成为哈佛大学物理系终身教授。

一、故事一：头发不剪，否则这次就不回去了

2000 年儿子去了美国哈佛大学上学，一去就是五年。五年后，还是因为他的导师在浙江大学有课题，带着他来中国，相当于毕业前的实习吧。当时因为他的爸爸已经过世，我忙于打点工厂，故住在厂里，条件很简陋。儿子说回家。我说：“因为忙还是住在厂里，怎么办，条件不好哦。”电话那头儿儿子说：“要什么条件？能够有洗澡，有个床铺能睡觉就行。”

这之前还有个插曲：就是儿子那时发来的照片是留着长头发、扎了个马尾。我问：“头发剪了没？不能留长头发回来，怕爷爷奶奶不高兴。”儿子很肯定地说，头发不剪，否则这次就不回去了。我是很保守的人，一下子还真接受不了，很烦恼，跑去跟爷爷奶奶商量，没想到，他们说：“没事！长头发就长头发呗。”看来他们比我还时尚多了。

就这样儿子如期回到株洲，从浙江杭州坐火车到湖南株洲。我去火车站接他，哈哈，扎着马尾的小伙子壮得像头牛，头发还显得很得体，很好看，走在路上，别人都以为不是韩国人，就是美院的学生。哈，一开口都在讲他的健身运动。到了厂里面与厂里的工人掰手腕，他真的赢了；在地上单手俯卧撑连续可以做50个，真的让大家开了眼界。最后还来了个双手倒立行走，当时他的体重我记不清是多少了，只是让我们在场的人瞪大了眼睛。儿子喜欢挑战自己，让我都觉得不可能的事他居然做到了。弹跳呀，倒立呀，什么都干，还都很叫标准，反正我都是一直瞪着眼睛不相信地观看，也不停地鼓掌。作为妈妈的我，从他小时候起我也只是要保证他身体好，前期是家长的事，后期他自己管自己还真的做到了，还做得很好。当然这是离不开在八中的时候，老师们教得好，特别感谢体育课杜老师教得好。走一路，亲戚朋友逗乐开了，开朗的儿子带给大家很阳光、很和谐、很热忱的感觉和活力奔放的性格。第一次回家，让爷爷奶奶妈妈都感觉儿子长大了、懂事了。

时间很短暂，一个星期很快就过去了。离开中国前，儿子电话邀请我到杭州玩一下。我到了杭州，他抽出时间陪我转了一圈西湖，知道我喜欢去寺庙，他也耐心地陪我去。这同时我见到了他的导师。我谢谢导师对儿子的教育和培养，导师用很流利的汉语说：儿子很厉害，他不用我教。也许是导师谦虚，也许是对儿子的认可。后来在北京国际物理会议上再次见到他的导师，导师说：他现在不需要我教他了。后来儿子毕业时，导师建议哈佛物理系把儿子留在哈佛。这是我在离开五年后的母子相遇时的一段见闻故事。

二、故事二：参加了户外马拉松训练

2012年1月，儿子携带妻子、女儿回国。一是要去复旦大学和中国科技大学讲课，二是要把两岁的女儿带回给爷爷奶奶看看。那时，我在印度，所以他们回到国内先到爷爷奶奶家。爷爷奶奶家的房子不大，怕他们在家睡不好，就给他在酒店订了房间。没想到儿子说：“回家就是跟亲人团聚的啊，住什么酒店啊！”然后把奶奶的床铺用南方夏天乘凉的竹床拼成加宽床，儿子一家就住在家里。儿子总是说只要有洗澡的地方就可以，因为跑步锻炼是每天都要做的事，出了汗要洗澡。

这个时候的儿子改了体育项目，由健身房锻炼转到了户外的马拉松跑步，每天都要跑两个小时，并且参加了波士顿的马拉松比赛的训练。波士顿的马拉松是世界有名的高水平赛事，训练很辛苦，儿子的脚上都长了厚厚的茧。

我回国的第二天，儿子就要去上海。走之前，他拿出一条裤子，让我给他针线，说是要补裤子。他把裤子提起来给我看，哈哈哈，把我笑得弯了腰，因为那条裤子屁股部位有两个小鸡蛋大小的洞，手工根本补不了，只能请裁缝师傅垫上布上机器补了。我提着裤子上街去补了，顺便给他买了一条休闲裤。我告诉儿子说："买了一条便宜的休闲裤，棉的，不是名牌，只花了 50 元，你去讲课时还是穿这条吧。"儿子说："谁说要穿名牌啊，能穿就行。"后来据说还是穿了那条补丁的裤子去讲课。跑步多了，裤子磨破了很多条，穿破裤子的时候很多，已经不在意破还是不破了。我开玩笑地说，这叫朴素，中国人的优良传统，哈哈。

三、故事三：没时间去学开车

2008 年，我第一次去美国。到了儿子住的地方，差不多七八天了，儿子都没有坐下来跟我说一会儿话，忙工作，忙他的小孩。办公室的电话不对外，手机也没有，我想联系他都联系不到。我想去中国城买菜，他也没有时间陪我去。问儿子为什么不用手机，他说用手机浪费时间，就这样儿子很多年都不用手机。后来有了小孩，他的岳母送给他手机，老婆孩子联系他还是需要的。那时候我才知道他是骑着自行车上班的，每天像飞车运动员。他们住的公寓离哈佛教学楼有点远，飞车大约需要 15 分钟的时间。我说，你干吗不学开车，这样方便些。儿子说："还开汽车？以前，我都是跑步上学呢，这样不耽误锻炼，因为现在时间太紧，我才骑自行车的。"过了两年，有一次儿子说："坐地铁更好，坐地铁时，解决了我数学上一个重大问题。"直到这时，我才真正体会到儿子的时间宝贵！所以，理解儿子是我做妈妈的一个新课题，以前有些抱怨情绪都被消融了。儿子到了美国，我都没有关心他什么，随他自己在漂。爷爷奶奶那里一一都做了解释。不要怪孩子冷淡父母亲友，其实他做得已经很好了。只是我们要对他多一分理解与体谅。

又过了两年，他们搬家到离哈佛更远的海边居住，儿子还是跑步上班的次数多。跑马拉松是需要艰苦的训练的，遇到天气不好，没法跑，还是需要汽车啊；晚上学校事情耽误，回家晚还是一个大问题。我去了还是提出老问题，去把开车学会，他说，就是没有时间去学开车。他的跑步俱乐部的朋友告诉我：儿子训练很能吃苦，跑步风里雨里雪里从未间断过。有一次波士顿刮飓风，有些房子都被飓风搬走了，跑步的很多人都收兵了，可是儿子不惧飓风，坚持跑了很长的路程。我听说后很担心，我不太想孩子太冒险了，希望他平安、平淡，与世无争，有些事是不必要如此去尝试的，希望他随着年龄的增长，生活过得平静更好。也许孩子们永远都觉得妈妈们太唠叨了吧。

四、故事四：富有同情心又不失原则

2013 年春节，我又去了波士顿，跟儿子他们一起过春节，期间谈话比以前多了。他知道我喜欢去印度，因为我是个佛教徒，谈印度的话题就多一些。有一次他给我讲了一个他的印度学生的事情。儿子在孟买的国家物理研究所工作的时候，有一个印度学生几乎每天都来问问题，而且思考的问题很有深度。有一天，这个印度学生邀请儿子去他自己家玩，儿子答应了并去到印度朋友家。这个印度学生的父亲早逝，他妈妈带着五个孩子过着非常简陋的生活。去过印度的人就知道，底层的印度人家里非常贫寒，往往十几口人住在一间小小的房子里，地上铺一个简单的毯子就是床铺了，门口有一个土炉灶做饭烙饼烧水。那个印度学生家里什么都没有，但儿子居然看到了书架。儿子说："他收藏的物理科学方面的书比我的多多了，有的书是我都没有的。更让人感动的是，书很贵，不是一个贫穷家庭能够承受的。"这个学生靠打工帮助妈妈养活弟弟妹妹，还要资助自己上大学，而且学习得非常好。这种艰难的程度是我们难以想象的。当然，继续学习深造已经是他们家很大的难题。当时儿子可以收研究生了，他决定招收这个学生。但因为进哈佛的条件很高，最后，他把这个学生破格推荐到了加拿大的一个高级研究所，并且是全额奖学金。听完这个故事，我都感动得要流泪了，我都好想替那位印度母亲感谢儿子。我说："你做得好，救了他们家，帮助了那个可怜的妈妈，他儿子会省下一点美金就能帮助妈妈养活一大家人。更重要的是发现了一个人才。"印度人的基本的生活条件有的地方超出了我们思维的范围。作为佛教徒的妈妈感觉到了儿子的慈悲与善良，这是我真正由衷高兴的事情！

成　长

伊和年　严晓汶

我的孩子

1993～1997 年北京八中少 5 班学生
1997 年考入北京医科大学
（本文写于 2015 年）

题记：童年是多梦的，而人最基础，最扎实的记忆，多来自儿时和少年时的教育经历……

两岁的严梓，看电视足球转播时，将“英超”“意甲”联赛中每位上场球员的名字倒背如流，他告诉我：“踢足球真好！”

四岁的严梓，在家中用小黑板，为邻家小朋友讲美术课时，他又对我说：“长大了我要当老师！”

五岁的严梓，说自己“喜新厌旧”——学习过的东西不想再学了，长大了要当科学家！

儿时的严梓，在规划自己的人生，做五彩缤纷的童年梦！

一、金色童年

我们的家庭是五口人之家，三世同堂，两代独生子女，家庭气氛民主，关系非常和谐。给孩子一个温暖和睦的家非常重要，孩子心理素质的形成，跟家庭气氛有很大关系。

1. 到大自然中学习

严梓1周岁，我们就开始带他到大自然中玩耍。

在路上，我会指着门牌号码告诉他："1"像铅笔能写字、"2"像小鸭水上漂……严梓对数字的认识是从门牌上开始的；在动物园里，我会给他解释亚洲象和非洲象的区别；以及如何从皮毛的图案，来辨别东北虎和华南虎；在博物馆，严梓充满了新奇，领悟着自然界的奥妙，五彩缤纷的大千世界，展示我们祖先的勤劳和智慧，并告戒我们后人要热爱和保护大自然。

2. 动手促进动脑

严梓不到两周岁，我们给他买了许多拼插玩具。他常常根据图纸组装出自己喜爱的汽车模型，买来拴绳和折纸的书，开始教他怎么做，后来他就自己照着书折出各种小动物。严梓有三只可爱的毛绒玩具"小猴子"它们各有特色，他和小表妹一起，为它们自编自画成连环画故事。"小猴子"是他的最爱，它们跟严梓一起出国留学，至今还伴随着他。

3. 教方法比教知识重要

我们出生于20世纪50年代，1969年我们作为"知青"毫无选择地去了东北和内蒙古的生产建设兵团接受再教育，经历了七年的磨炼，从而对人生和国家的命运，有了新的认识和思考。

严梓出生时，我们已是30出头，那时，白天工作，晚上和休息时间还要去上课学习。在学习高等数学的同时，还要自学补习高中数学，因此每天的时间安排得非常紧凑。受我们的影响，严梓也学会了安排自己的"日程表"，两三岁时，我们给他准备了一个小闹钟、一套小课桌、一块小黑板、一台录音机和一个小书架。每当我们看报读书时，他就拿出《幼儿画报》或其他读物阅读；当我们写作业时，他主动拿出自己的小本子写字画画。从那时起，严梓每日的学习生活起居都由他自行安排。

对于已是而立之年的我们，兼职上学实属不易。刚开始时，和别人一样死记笔记，后来改变了学习方法，课上把老师展开的内容直接记在课本空白处，听课时就有足够的时间去理解和思考；平时把概念和公式抄写在卡片上，做家务或带孩子外出时随手可得，久而久之取得了事半功倍的效果。当时严梓还很小，但我们仍然把学习的心得体会，用孩子的语言告诉他……如今当我们翻阅他的大学课本，字里行间也记满了笔记，同学们称赞他有好的学习方法。他却说："无论学习什么都有技巧，关键把握方法。”

4. 因势利导、培养信心

早期教育是指早期环境对儿童发展的综合影响。

丰富的生活内涵，能够培养孩子高尚的情操和良好的心理素质。家庭中，父母是孩子的第一任老师，家庭教育是伴随着孩子的成长一步步完善，父母陪伴孩子的成长逐渐成熟的。

年幼的孩子天生都很自信，严梓从小参与意识和个性就很强。他很独立，很小时要自己走路、自己拿筷子吃饭，甚至自己上公交车……

三岁时，严梓在爸爸的指导下，学会了下跳棋、象棋、围棋，下棋时既要给他赢的机会，培养学习的兴趣；又要让他有输的可能，让他有反败为胜的自信，从中明白胜负是相互对立的统一。

有一天，爷爷带他从动物园回来，他举起小手惊喜的告诉我们：“上次咱们看到的七只小棕熊长大了，我也长大了！”

一位有经验老师曾经这样说：“家长对孩子的教育带有浓郁的亲情，教育的形式更具有隐蔽性，教育过程多为潜移默化。在教育过程中能够将人生的道理融于对孩子全面的关怀中，生活的指点融于对孩子细心的呵护中，学习的指导融于家庭气氛的轻松与幽默中，身体的锻炼融于家长广泛的爱好中，情趣的熏陶融于长者的自身修养中。”老师的话是家教中的至理名言，能在这样的环境中成长，孩子是幸运的，即使是枯木也能逢春！

二、校园：孩子成长的第二起跑线

严梓六周岁，成为北京市第一实验小学的一名小学生。

“兴趣是最好的老师”严梓在“求知”的道路上，基础扎实，求知欲强，阅读兴趣浓；志趣上，爱好广泛，素质全面。

在校园内，完成日常作业；考试前，别的同学备战课本，他却看课外书，踢球；课上的每一次测验，他以最快的速度交卷，又以第一名的成绩名列全年级之首；放寒假、暑假他用一周的时间，把下学期的课本学完……小学阶段，严梓期中、期末的试卷，他都默背下来，回家后出试卷，我经常作为他的学生参加考试，一丝不苟地认真完成，给儿子交上一张干净整洁的试卷。

课下，他是学习委员，帮助老师收交作业本，写黑板报。老师见他性格内向，锻炼他在节日的联欢会上主持节目，表演小品，参加各类体育比赛。

课余时间，严梓爱看课外书，看报纸，看电视节目中的动画片和体育大世界，他还爱下棋、踢足球和绘画。

小学阶段，考个“双百”对一般孩子并不难，然而，次次考满分就不太容易了。严梓在小学五年中，数学基本上是满分，记忆最深的是四年级，数学共测验 18 次，他竟得了 18 个 100 分。很快，他在全年级 442 名同学中脱颖而出，荣获学校和区里的多项荣誉。因此，他是学生和家长心目中的偶像，老师和校长眼中最优秀的学生。

面对成绩，严梓从未在别人面前提起过，我们为了不给孩子增添心理压力，从未以此作为奖励孩子的条件，买几套心爱的图书，便是孩子最大的满足，他以一颗平常心，保持良好的心理状态。

对于在掌声中成长，始终名列前茅的孩子，我们的心情感到不平静。学习作为孩子兴趣形成的是动力，但是过多的荣誉无形中给幼小的心灵造成潜在的压力。那时，我们反而希望孩子犯些小错误，从中体会挫折和失落的滋味，逐步学会在瞬息万变的环境中抗风挡雨的能力。

父母是孩子的第一任老师，但是不能取代老师在教育中的位置。

严梓 10 周岁时，带着浓厚的学习兴趣和广泛的求知欲，迈向更高的阶梯。他叩响了“北京八中少儿实验班”的大门。在这里，我们的困惑解开了……

三、少儿班：超常儿童成长的摇篮

鲁迅先生曾经说过，天才的形成有赖于培育形成天才的土壤。北京八中少儿试验班，是中国教育体制下开展超常教育和素质教育的实验园田。

1. 少 5 班

1993 年 4 月的一天，严梓中午放学回家，亲手拆开了北京八中少 5 班试读录取通知书时，他连蹦带跳，异常高兴“我考上八中少儿班了!”严梓是一个性格内向、语言简捷、心理素质较成熟的孩子，但在接少儿班录取通知书上，却反复强调，一定要亲手拆开。

少儿班集中了全校各科最优秀的教师，他们在探索超常教育事业的同时，辛勤耕耘有收获，有输送三届少年大学生的成功经验，老师们正值年富力强。这时进入少 5 班学习，是严梓的幸运，四年的超常教育很适合他。经历了一周封闭式试读，严梓成为少 5 班的一名学生。

少5班的学生来自于北京市及远郊区的各个小学校，与前四届不同，全部是独生子女。他们的最大特点：首先，年龄不平衡，8—11岁，小学三年级至初中一年级的学生都有。其次，发展不平衡，有的英语只学过26个字母，而有的已经系统地学习了四年，文化课也是如此。其三，身体状况不平衡，胖的测试后心律达到160次/分钟，心脏负担过重，瘦得像从非洲难民营来的。当时，严梓10周岁，身高1.36米，体重26公斤。

少5班开学的前一天，老师安排少1班，18岁考入美国读博士的师兄，来到少5班，讲述他在少儿班努力奋斗、积极进取、奋发向上的精神。这位师兄在八中少儿班学习三年便考入北京大学物理系，三年后又以自己的奋斗，换来留美读博士的机会。听了师兄的介绍，同学们别提多钦佩了，严梓至今完好地保留着当年与龚校长和余斌的合影。余斌便是他们进入少儿班后的第一个偶像。

从那天起，严梓和少5班的同学、老师融入一个团结向上的班集体，共同度过了四个难忘的春秋。

2. 因材施教、张弛有序的教学

少儿班是北京市唯一的中学超常教育实验班，超常班的教学让孩子加速了学业进程。但这种教学上的成功，更多的是来自老师不俗的教学思想和教学方法。因材施教恰恰是超常班的特色；启发式教学是超常班老师共同的特点。

少5班的同学在小学阶段都曾是学习尖子，但在少儿班这个尖子集中的班上，不可能都名列前茅了。在这个高起点，快节奏的超常实验班上，他们要有适应的过程，在不同环境，不同条件下重新认识自己。

严梓在小学阶段，英语只学了26个字母，与系统学习过几年的同学比，存在着相当大的差异。少5班开学后的前半个月，压力很大。英语课李老师给42名学生每人起了一个英文名字，使学生很快掌握了42个单词。以后李老师利用歌曲、图片、录音、表演、联欢会等多种教学形式，使课堂气氛欢声笑语、热闹非凡，引导学生建立起对英语学习的浓厚兴趣。课下，我们给严梓买了英语教学录音带，每天抽出时间反复播放，练习拼写。半个月后，他已经跟上全班平均水平。12岁时用英语写日记，在少儿5班，英语成绩始终保持前列。

数学课，物理课同样精彩，课堂气氛活跃，学生们的思维积极性被充分调动起来，今天讲新课，明天就要参加考试，没有重复。学生的考试成绩，10%左右在80分上下，大多数学生在及格分数以上，10%左右在及格线下。学生的竞争力很强，你争我赶，第一名的位置不断发生变化。这种压力转化为学习动力，轻松而快节奏地学习，深入浅出启发式地教学很适合少儿班，赵大恒老师是当之无愧最优秀的物理老师，连续几届少儿班物理的高考成绩名列北京市第一。

记忆力好、想象力丰富、悟性高是少儿班学生的突出表现，14 岁参加全国高考，与高三学生同等竞争。我们的孩子阅历浅，语文基础知识是薄弱环节，语文课徐老师认为，打好语文基础，培养语文能力，要从学语言开始，口头表达通畅，笔头表达就水到渠成。课堂上，同学们备课讲课，既培养了自学能力，也锻炼了语言表达能力。课外，要求同学们记日记，能提高写作水平。但日记是公开的，家长可以看，是家长了解孩子心理变化的途径。严梓的日记，有中文写的，还有英文写的，在提高写作能力的同时，练习了英语，达到事半功倍的学习效果，我们一直珍藏至今。

少 5 班有一本班志日记，每一个同学轮流记一天，他们各持己见，有性格，有特点，有评论，有指点，印证了少 5 班四年来走过的足迹。

启发式教学，对学生能力的培养，具有极大的作用。少儿班老师采取分班上课，A 班：以自学、讲座、练习为主；B 班：学生以老师讲授为主；两组之间可以自由流动。在分班问题上，班主任王竹颖老师认为，严梓在学习上有良好的习惯，处理人际关系上有人缘，自尊心强，在 A 班有利于发展。老师对每个学生的智商、情商了如指掌。所以，老师的劳动成果是通过学生的成绩得以体现的。

3. 体能锻炼更精彩

在孩子成长中，总有些记忆深刻的事情，令我们日后回味。

严梓在少 5 班，年龄偏小，个子也小，体重轻，但在全班体育课五项测试中有两项第一，其他项目成绩都不错，就是怕游泳。少 5 班开学一个月后的一天，严梓放学回家后，心事重重地对我说："妈妈，您今天晚上多看我两眼，明天我就回不来了。"问其原因：从明天起，每周一次到海军游泳馆去游泳，水的深度最浅 2 米；最深处 5 米，游泳课十次结束后，每人要达到连续游 700 米和 3 米或 5 米跳台跳水的考核标准。原来严梓被第二天的游泳课吓晕了，失去了往日的自信。我安慰他要排除恐惧心理，坚持按照杜老师的方法去尝试，你一定能成功……

第一次学游泳，杜老师把漂浮板系在严梓背上，当了一次海龟，第二次脱板下水，全身放松，手脚并用，保持平衡，他成功了！

一天，家长会结束后杜老师跟我说："严梓体育锻炼其他项目都很好，只是游泳项目差些，孩子很努力，我反复查找原因与他的先天条件有关，他人瘦，下肢比例较长，所以一到水中就下沉，不过我还在想办法……" 又一次来到海军游泳馆，对严梓这个蛙泳不太好，爬泳不理想的游泳者，毅然决定练习仰泳。在杜老师的指导下，不出 20 分钟游 50 米就不成问题了，40 分钟的自由练习到了，750 米创造了严梓本人当前的记录，以后记录一次次被刷新，在追逐赛等游泳课“传统”运动项目上，严梓完成得都很好。

第 10 次游泳课是学生、老师和家长共同在海军游泳馆相聚的。孩子们要向老师、家长汇报十次游泳课的成绩，站在 3 米、5 米、7 米甚至 10 米跳台上，展示各自的风采……这时，即将进入花甲之年的杜家良老师，走上 10 米跳台，示范了一个“鱼跃式”跳水，震惊了全场，顿时掌声响起来。我们怀着无比崇敬的心情，由衷地感谢他的执着、敬业！接下来，一个身材瘦小的身影从 7 米跳台，一个“冰棍式”地跳跃，轻巧地落入水中，同样赢得了掌声。他正是严梓，对孩子来说，一个潜移默化的示范作用，远比说教要好得多。

少 5 班第一个学期共组织 23 次课外活动，游泳、滑冰、划船、爬山、登长城、天安门观光；以后又组织爬泰山。严梓在日记中写道，学习上要像爬“南天门”一样努力！他们到儒家的创始者，满腹经纶的先师“孔圣人”的家乡曲阜，他在日记中又写道，在学习上不做“孤芳自赏”的霜和雪，而向“三人行，必有我师”不耻下问的孔子学习。

1996 年 7 月 5—12 日，少 5 班师生从北京出发至山海关，全程 1500 华里“爱我中华千里自行车行”活动。年龄从 13—60 岁不等。他们骑自行车经过二省四市九县。开阔了眼界，磨炼了意志，是一次磨难教育，挫折教育。

少 5 班有良好的班风，全班同学都是独生子女，在学习上竞争向上，生活上不虚荣攀比，女生都是短衣短裤，“白雪公主”被晒成“黑天鹅”，外出活动时，别人以为全班都是男生呢！

希腊有句名言：“健康的身体带来一副健全的大脑。”只有精力充沛，注意力稳定，思维敏捷，知觉敏锐，才有利于智力的发展。

少儿班的自然体育课，使孩子们经受了风、雨、雪等自然界的锻炼，对意志等非智力因素是很好的历练。

4. 不一样的班主任

教育是开发儿童的智力，将一个少年儿童培养成一个合格的人才。少儿班的超常教育也是基础教育，不仅仅包括知识、能力、思想方面，采取适合超常儿童智力实际的教育，还要在保护并发展他们原有个性优势的基础上，帮助他们克服超常发展的心理、身体、思想、个性上的缺点，能在学习中尽快把握自己，主动地获取知识，将来能对人类有超出一般人的贡献，少儿班班主任的工作肩负着历史使命。

少儿班是双班主任，又要兼课，少 5 班班主任龚宝华老师平时风趣、生动、幽默、哲理；而王竹颖老师对每个学生从学习、生活和心理上关心备至，难怪学生们说：不但像妈妈，那简直就是“圣母”！

严梓是我们家庭中的第二代独生子女，他性格内向，个性强，如果说做事投入，善于观察，阅读兴趣浓，求知欲强是他的性格；做事执着，自信，一丝不苟，持之以恒是他的个性。

阅读，是严梓从儿时至今的最爱之一，从幼儿时期的《米老鼠和唐老鸭》，和他钟爱的漫画集锦，到后来的中外名著及科幻的、推理的图书都喜欢看，有一些成年人的书籍还是我们抱起他从高层书架上取到的。他心静，喜欢看书、看报常常沉浸在抽象的思考里，享受其中的快乐。

少 5 班的第一个寒假，同学们根据自身的情况，选择了不同科目的补习班，全班只有严梓一人什么都不参加。班主任王老师发通知时，找不到他，便给我打电话，到学校取通知时才得知此事。少儿班学习竞争如此激烈，同学们你争我赶，严梓却自作主张，在家休假看书自得其乐……王老师似乎看出了我的想法，便对我说：“严梓不参加补习班肯定有他的想法，回家不要责怪孩子，他对补习班不感兴趣，即使参加，意义也不大。”在一旁的龚老师说：“孩子有个性即是儿童智能发展不可缺少的主观因素，在少儿班求知欲、独立性、自信心、坚持性要优于一般儿童，怎样使他的个性都得以正常发挥，进入良性循环是关键，难道你愿意要一个无论大事、小事都依靠父母的孩子吗?”老师的一席话，用辩证的关系解开了我的忧虑。回家后，我从侧面谈起此事，严梓说：“补习班上老师讲的，是全班普遍存在的知识漏洞，我用寒假把自己本学期的错题集中起来，学会弄懂的效果也不错，我能把握自己，不让老师家长担心。”孩子的个性特征转化为正能量，我又有什么理由去横加指责呢!

当时，社会上流行给孩子请家教，在少儿班，各科的老师是最好的“家教”，他们的奉献是无偿的。

王老师是少 5 班连续四年的班主任，即使在每天中午吃饭的小事上，让胖孩子少吃点；让瘦孩子多吃些，有利于身体健康，保证了四年的学习。

少儿班的学生第一年过“六一”儿童节，老师要求孩子们戴上红领巾，庆祝自己的节日；少儿班经过团中央特批，13 岁（提前一年）即可加入共青团，让孩子们享有荣誉感！严梓在少 5 班四年中，曾几次被评为三好学生，优秀共青团员。

记得严梓大学五年级备战英语托福、GRE 时（GRE 改变试卷的模式）接到王老师电话，嘱咐严梓考试时要答错几道题，满分在出国留学签证时反而会增加难度，因此托福考了 627 分，GRE 考了 2250 分；在严梓留学读博士时，王老师受北京八中校长委托看望了他和留在国外工作的同学，关注他们的成长，追踪他们的足迹。

少儿班的孩子性格、心理、智商、情商均处于发展时期，具有极大的可塑性，在孩子们成长中，老师注重三个协调：学生身体与心理成长的协调；智力与非智力因素成长的协调；学习与社会化的协调。最强的师资，宽松的教学环境，活泼的教学手段，能在少儿班学习，是严梓的幸运，这里的教育是四年，受益的是终身，在成长中，他们不但起跑快，还要跑得最远。

这一天，我们在教室里等候每月一次的家长会召开，这时，龚老师手中托着一个签有全班学生姓名“退役”的足球进入教室，高兴地说：“学生们在上体育课踢足球，经过操场时，学生交给我，要我好好保留，说不定将来的国家总理就在其中呢！”顿时，教室里充满了笑声，我们期盼的家长会在这样轻松欢快的气氛中开始了。

5. 全力以赴、心中的梦

分数与学习是一种衡量掌握知识程度的尺度。

少儿班因材施教在探索超常教育实践中，强调求知欲，而淡化求分欲。历次的考试总结中，全班不排名次，不算总分，而把每个学生的成绩按照标准，分划出成绩曲线，分析每一个学生曲线变化，找出曲线上升或下降的原因，弥补知识的漏洞，把精力放在对知识的掌握程度和范围上，在对自己正确估计的基础上，获得良好的心理承受能力。

少儿班前三年半经历的是素质教育，这是统计学中最科学的评估方法。我是学统计学的，对严梓四年的学习，也一直用这种方法作测评。

1997 年，少 5 班将结束中学学业，与全国应届高中生一同参加高考。那时，是“千军万马共闯独木桥”的时代，大学没有扩招，竞争异常激烈，最后半年，少儿班被动进入“应试教育”阶段。

作为老师，能随时全面正确估计自己的学生，是非常不容易的事。对于 14 岁的学生备战高考，也许他们自信，心理上反而没有更大的压力。这时少 5 班老师召开了以“14 岁生日”为主题的家长会，会议由学生自己主持，老师给学生寄语及小礼物；家长给孩子书信与生日礼物，使孩子们回忆 14 年来的成长，为半年后的高考设了一个“加油站”，我们给严梓的一封信，表达了对孩子成长中的心声！

学生们带着老师的劳动成果、家长的希望、自己的心愿，站在新的起跑线上。

在少儿班里，第一名没人嫉妒；考了最后一名，同学也不会看不起他。因为他们自信，都有各自的优势，可以从不同方面成为第一名的“希望之星”。这些优良之处，非先天所有，而是老师教育的结果。然而，随着年龄的增长，理想的层次也在不断地提高。

少5班在高考志愿预报摸底时，绝大多数学生只报一个志愿：北京大学或清华大学。当时航空航天大学，给少5班一个保送名额，竟然没人报；浙江大学张教授，到少5班选学生竟无人问津……这些学校可都是中国一类大学中的重点呀！

多变的兴奋点被少儿班的老师捕捉到了，作为有经验的老师，无论学生怎样更换自己的理想都不急躁，对学生不同层次的理想进行梳理、引导，对每个学生作了一对一的剖析，在家长共同的配合下，航空航天大学在对全部保送生的考核中，少儿5班的学生各方面成绩更优秀，额外增加了名额，两名学生被录取；浙江大学经过笔试和面试，录取了七名学生……老师对学生任何理想的实现都付出了代价。当时，老师建议严梓报考北大的一些专业。

“兴趣是最好的老师”，是严梓儿时常引用的格言。在培养兴趣方面，只能利用有利时机去激发，去熏陶，去培养，不能以家长的主观愿望去强求。伴随年龄的增长，孩子的兴趣是多变的。有了兴趣，孩子对能接受的学习容量和难度就不会厌倦，并能在超乎寻常的条件下，发挥出良好的心理素质。平时，爷爷从菜市场买来“猪心”严梓看了“心包、心肌、心内膜”后，还要看看“心房”和“心室”是什么样子的？他还以极大的兴趣观察植物从播种至开花到结果的全过程……他善于观察、沉着、稳健，有优于同龄人的心理素质。因此，参加高考时选择了“医学”专业，我们认为，临床医学具有双重性，既可以做医生，也可以在继续深造时，因学习兴趣转移，选择基础医学研究以它作为研究的基础。毕竟孩子只有14岁，成长中为孩子设计人生之路时留有余地，帮孩子插上理想的翅膀，才能飞得更高更远。

四、跨入医学殿堂

医学殿堂的大门是神圣的，选择医学，意味着选择了艰辛，它是人类不断探索，永无止境的宝库。

开学了，严梓被分配到九七级临床二班，同学来自全国各地，年龄比严梓大三至五岁，以高分数被大学录取，他们要在五年的学习生活中朝夕相处。

开学第一天，在班干部竞争选举中，严梓以他在少5班两次担任生活委员的经历，顺理成章地当选生活委员，一干就是好几年。平时，他还像在少儿班一样，把好的床位让给更需要的同学；把家中多余的衣物帮助生活困难的同学；他还是希望工程的捐助者。

学习上，他为大同学介绍简捷的学习方法；把自己学习英语的经验，介绍给过去学小语种的同学，使他们学习英语很快入门……

生活上，他很独立，从十四五岁起我们便把一年的学费、生活费交给他自行安排。平时生活简单，节俭；用于学习上的投资却毫不吝惜，慷慨解囊，处理得很得当。

他和同学一起踢足球，跟在少儿班一样的位置，仍是守门员。

大同学说，严梓有好的学习方法；年级辅导员说，严梓方方面面与他的大同学比，没有什么差别，他懂事，很注意和同学搞好关系。在相互学习中，他很快就融入集体中了。

在自然科学与社会科学的探索中，严梓在学习中成长。他在学习西医的同时，对中医同样感兴趣。在大学一二年级的寒暑假，摘抄了祖国医学宝库《黄帝内经》，作了两大本笔记。是兴趣不断地给自己加“包袱”。

十五六岁时，他进解剖室做人体解剖，是兴趣驱散他畏惧的心理和不适的感觉，各门学习成绩优秀，连续两年荣获“奖学金”。

17 岁时，他身佩“实习医生”的胸卡，在救死扶伤的岗位上，尝试做医生的滋味。

18 岁时，大学四年级，他步入成年人行列，以极大的学习兴趣和创新精神，向医学新领域探索。千禧之年，他收到《第十二届全国临床医药学术会议》的邀请函，严梓的论文被专家、评委通过，作为会议发言；不久这篇论文发表在《中国临床医药研究杂志》上，并享有著作权。接着，他的另一篇论文又在《国外医学》刊物上发表。

……

给孩子一个思维的空间，使他富有想象力，做有兴趣的事，往往能发挥出巨大的内在潜力和奔放的热情，去认识、去完成、去创造。如果当兴趣，爱好和心愿与职业结合起来的时候，他就会特别执着，坚持下去就能创造出新意，总有一天水到渠成！

严梓实现了儿时的梦想，他独立，理性，勇于担当；认真做事，低调做人。他，总是悄悄地带给我们许多惊喜！

孩子的成长，就像种下的一棵树，我们年复一年的浇灌它，终于有一天，它不需要我们照料，可以自己生长了；它的根已经足够深，现在开始享受它的树荫了。孩子的成长不正是这样吗！

此文献给在超常教育中付出辛勤劳动的园丁们

恭祝北京八中少儿班成立 30 周年！

什么是素质教育

——北京八中少儿班的教育就是最好的素质教育

魏兰新

我的孩子

1997~2001年北京八中少7班学生
2001年考入北京大学
（本文写于2001年）

题记：2001年7月，经过高考竞争，我们的儿子，以14岁的年龄如愿以偿地考进了北大，并被北大的“金牌系”——数学系录取。作为家长，作为陪他一同走过高考、走过14年的成长历程，尤其是陪他完成10~14岁在北京八中少儿班的学习历程的父亲、母亲，我们心中的感慨，特别是对北京八中少儿班教育的感慨，可谓良多！

“素质教育”一词，可谓近年在中国教育界最流行的词汇！记得孩子在上小学时，学校就在每一次家长会上大讲特讲素质教育，以及为什么要对孩子进行素质教育。但究竟什么是素质教育？怎样进行素质教育？很长一段时间，不但我，我身边许多有着同样大小孩子的家长们也都感觉空洞洞的，说不清楚。直到我们的孩子上了北京八中少儿班，经历了在这儿4年的受教育过程，并一举高考中第，进入北大，回过头来仔细回味、总结少儿班的教育，我才终于明白了八中少儿班的教育实际上正是令全国教育界上下求索的素质教育！

一、语文课的目标就是要让孩子们——乐于读书，勤于写作

记得在少儿班的第一次家长会上，语文老师就明确告诉家长："我的教育方针是前三年半进行素质教育，最后半年进行应试教育。我需要家长配合的只是不要干涉孩子的学习，尤其是孩子大读、特读小说时不要干涉他们……"

说实在的，老师的讲话着实让我们吃了一惊。但想到他们已有6届孩子的培养经验，而且培养结果都不错，于是我们也就决定遵从老师的意见，配合老师的教学，同时也很想看看这位老师如何在语文方面进行素质教育。

开学以后，我们发现在平常的日子里，孩子从来没有普通学校留的那种语文作业，每天只要求孩子练10分钟的钢笔字，然后就是见缝插针地阅读老师根据不同历史时期列出的各种书目。比如学习反映抗日战争内容的课文时，老师会开出《山菊花》《迎春花》《苦菜花》等一大堆反映抗日战争这段历史史实的优秀长短篇小说；学习反映解放战争内容的课文时，老师会开出《红日》《红岩》《红旗谱》等反映解放战争时期的优秀长短篇小说；学习古文时，老师会组织孩子读《三国》《水浒》《封神演义》等古典名著。周末，老师要求孩子写1~2篇周记。周记的方法是：先摘抄，找或景、或物、或人描写得好的文章、段落抄200~500字；再练笔，先写发生在自己身边的事或自己熟悉的人，以后是随笔，题目、内容自定，换句话说就是想写什么写什么，比如记叙文、读后感、时事短评等均可。遇到寒暑假，除了周记以外，老师多要求孩子每天用毛笔写10个以上的大楷，外加背50首唐诗。所以4年下来，14岁的孩子已经阅读了大量古今中外的文学名著，背诵了大量唐诗宋词，并打下了坚实的写作基础。现在孩子无论写人、记事，还是时事述评，可以说信手拈来皆文章。下面是我随便翻阅孩子的周记本选的2篇，您看是不是写得很好。

周记1：1998年4月25日（12岁）

今天我在家写作业时，无意中往楼下望了一眼，呀！没想到几天不见，楼下的花园竟大变了：迎春花开了，黄的，金灿灿的，在阳光的照射下，十分耀眼。在迎春花的左侧，是剑兰，剑兰的花也开了，粉得像霞，在那一把把深绿色的"剑"的映衬下，格外美丽。不远处有一个淡绿的"蒙古包"，那是园艺工人们精心修剪出来的乔木造型。在它的后面，是几棵松树，它们就像战士一样保卫着花园。花园右边是几棵叫不出名的形态各异的小树，它

们有的居然也“开花”了，“怒放”之度不亚于玫瑰，香气不逊于玉兰。花园中间是一个很大的花坛，里面什么花都有，玫瑰、月季、樱花、夜丁香、菊花……有的花开了，有的还没开，但也有了花苞。花园后面是几株大槐树，树干棕黑，树叶茂密，有4层楼那么高。天热时，我常跑到下面去乘凉，十分舒服。

我正在沉思之际，一阵“喵、喵”的叫声惊醒了我。原来是我家的小花猫。我一看表呀，已经10分钟过去了。我赶紧抓起钢笔，写起作业来，可心里还在想着那个美丽的大花园。

周记2：2001年3月15日（14岁）

第九届全国人民代表大会第四次会议在圆满完成各项议程之后，于3月15日下午在人民大会堂闭幕。会议上，国家主席江泽民首次提出了“以德治国，德法并用”的观点，认为法制规范人的外部行为，德治强制人的内心世界，两者相辅相成，可巩固社会的稳定。这让我连想到了我国历史上有关君王的治国之道。

先说“以德治国”的典范大禹。大禹当政时有苗不服，禹不兴兵攻打，反而加强德治三年，苗乃服。这是以德治国成功的例子。但战国时行仁义的徐偃王却被楚王所灭。同样是行仁义，怎么会有两种截然不同的结果呢？我想可用《韩非子·五蠹》中的“上古竞于道德，中世逐于智谋，当今争于气力”来说明。战国时代就要争“气力”了，何况生产力如此发达的现在？所以，只“以德治国”恐难适应当前的政治和经济情况。而只“以法治国”呢？松驰的法纪，世道肯定会乱，十年动乱就是一个例子。如果只是严法呢？商鞅可谓严法的例子，结果呢？连命都严丢了。所以，“以法治国”重在一个尺度，而这个尺度是不好掌握的，没有又能干、又有“良心”的人执法是不成的，而找这种人不易。

所以，现在必须“德法兼顾”，以法严民，以德育民，德以济法，法以严德才行。但这也存在问题，那就是人选。选谁来当这层层的头儿？倘若这些头儿有私心，对“顺己者”宣德，对“逆己者”用法，翻云覆雨，一手遮天的话，那老百姓可就惨了。所以，当我们实现“以德治国，德法兼顾”的倡导时，在人选问题上当慎之又慎，千万别出第二个来俊臣、周兴。

说实在的，对我们这个14岁的儿子的文学造诣，我们早已不敢小视。以这次高考为例，一模以后，我们想找点名言警句写成条幅，给儿子写成条幅，给儿子以激励。当我把写有："志当存高远""自信创造奇迹""两军相逢勇者胜""每遇大事有静气"等条幅给他让他选时，他不屑地扔到一边，然后自己用电脑打了一段话放在了玻璃板底下，内容是："盖文王拘而演周易；仲尼厄而作《春秋》；屈原放逐，乃赋《离骚》；左丘失明，厥有《国语》；孙子膑脚，兵法修列；不韦迁蜀，世传《吕览》；韩非囚秦，《说难》《孤愤》；《诗》三百篇，大抵贤王发愤之所为作也。以致使我这个做编辑的妈妈，都有"自愧弗如"之感。

所以，可以说我对孩子的语文水平充满信心，尽管他这次高考语文成绩并不理想，但我相信他实际上的文史基础和驾驭语言文字的能力，远远超过这张高考卷子所给他的高考分数。这也是我回过头来纵观他们的语文教学，觉得仍应对他们的语文教育方法持肯定态度的原因。因为我觉得这种教育所给予孩子的是真正的语文基本功。当然，如果老师能再想一点办法，适当增加一点"应试教育"的内容，使他们的答题能力再强一些，"分"再高一些，就更好了。因为他们毕竟要过高考这一关，这是他们能否通往科学殿堂的敲门砖。

二、英语课从孩子的兴趣入手
——听说读写全面开花

孩子 10 岁进入少儿班开始学习英语是从 ABC 起步的。但谁能想到半年以后他们竟已能用英语写小说了。我记得我看过这本由他们全班同学每人每天一段写成的英文小说，大意是三个孩子的探险经历。他们老师用的方法是从孩子的兴趣出发，想方设法提高孩子们学习英语的兴趣，让他们想学、爱学，自己创造方法学。记得我参加过一次他们的英语课（他们的英语课是开放的，家长可以旁听）。一上课，老师先用 10 分钟教孩子们学唱了一首非常好听的英语歌曲，然后用抢答、联想的游戏方法复习上一节课所学的新单词。课文也不用现行的中学英语教科书，而是用原版的英语小故事、诗歌等当教材。课后留的作业就是读简单的英文小说。记得老师曾让大家买了一套《书虫》，绿皮的，印制得非常精美，全是英文名著的简易读本，几十本，两年左右的时间孩子就读完了。每天课间及午休的时间，老师还会为他们播放英文原版的电影、电视录像带。老师还经常组织他们进行各种有益于英语学习的活动，比如与外国小朋友们一起开联欢会、参加社会公益劳动；还与国外孩子"结对子"，通过彼此通信的方法练习英文写作能力。在孩子的周记中有一篇记录的就是老师组织他们去天安门进行实地采访的情形：

周记3：1998年6月2日（12岁）

今天是星期五。中午，老师走进教室对我们说："同学们，今天下午我们去天安门广场用英语进行实地采访，大家2~4人一组，可以带上字典、笔记本和钢笔。"

下午1：00，我们做好了准备，于是在老师的带领下，全班直奔天安门。

到了天安门我们才发现，外国人并不多．没办法，老师说采访几个算几个吧。

我四处瞅着，希望能发现"猎物"。突然，我发现远处有两个外国人在拍照。我急忙告诉小组的同学，一起朝"猎物"奔去，生怕被别人"抢去"。可来到人家面前，又不好意思了。我壮着胆子，率先打破了"僵局"：

"Excuse me，may I interview you?"（对不起，我能采访您吗?）

对方十分高兴，但又有点疑惑地说了一声："ok"。我高兴极了，立刻用我仅有的一点外语知识同这个外国朋友"聊'"起来，同组的同学也不示弱，也连连发问。我们从中国的饮食到文化古迹，又从烤鸭到长城，无所不谈。可就在我们谈得高兴时，一位解放军叔叔走了过来，问我们在干什么？我们说在采访。他说："天安门广场禁止采访，"让我们赶紧走开。

没办法，我们只好依依不舍地与"猎物"告别，十分遗憾地离开了天安门广场。我真希望以后国家能取消"禁止在天安门广场采访"的规定。

如此4年训练下来，孩子的外语水平有了长足的进步。这次高考孩子英语取得了总分123分、听力29分的好成绩。当我怀着激动的心情向他的英语老师报喜的时候，老师说他们这次高考全班的平均分是121.48分！我真为英语老师骄傲！也为这群14岁的孩子们骄傲！

三、自然体育课
——少儿班的综合素质课

少儿班的自然体育课，是他们进行素质教育的最具代表性的一门课，因而也是人们谈论最多的一门课，相信许多人对它已经很熟悉了，我这里只想简单地小结一下4年中他们利用自然体育课都去了哪些地方，进行了哪些活动：徒步去了无数次的（当然不可能无数，只是太多了。可以这样简单地算一下：每个星期1次，1个月4次。1年除去寒暑假，按10个月算，就是40次。4年就是160次）的北海、景山、玉渊潭、香山、八大处等（几乎遍布北京大小公园），或爬山，或跑步，或划船，或游泳，而且绝对是冬天游泳，夏天跑步；骑车1500里，往返北京—秦皇岛……用孩子的话说就是“老师是变着法儿地折腾我们!”我这里也选了孩子一篇周记，或许能让我们感受一下老师对孩子们的这种“折腾”。

周记4：1998年5月9日（12岁）

今天是星期五，又到了自然体育课的时间。今天去哪呢？我不知道。反正肯定是一个可以消耗我们体力、磨炼我们意志的地方。

在刘老师的带领下，我们乘了半个多小时的汽车来到了一座大桥下。我突然觉得大桥很熟悉，没错，我记得它离陶然亭公园不远。如果我判断不错的话，今天我们的目标是陶然亭公园。果然，老师让我们下了车。

刚一进陶然亭公园的大门，刘老师就命令我们跑上坡。妈呀！我就讨厌跑。还是上坡。但“军令”不敢不从，我只好开跑。不一会儿，我们跑到了一个岔路口。不知排头怎么了，要不就是受了老师的“指使”，带我们朝错误的方向跑，结果，跑了半天才到了一个亭子。老师又传下话来，让我们往回跑。没办法，我们只好又往回跑。跑回来后，老师又带我们朝另一个方向跑，气得我当时真想把排头兵揍一顿。

老师带我们继续跑，最后在一个斜坡处停了下来。老师让我们从斜坡走下去，没办法，我只好变成爬行动物，斜着身子，抓着树枝，一点儿一点儿往下蹭。终于下了斜坡。老师居然又让我们爬上去。就这样，反反复复几次，花了一个多小时。然后，老师带我们来到了“雪山”。“雪山”其实就是一个大滑梯，只不过滑梯很宽，两边由一些白石头组成而已。我扶着栏杆，从一条只能容下一只脚的石梯上慢慢蹭过去，终于爬上了滑梯。下一步就是滑滑梯了。说实话，这种大滑梯我以前滑过，但都是把边。就是坐在边上往下滑，滑时手可以扶着边上的石头。可今天不能这么做了。因为第一，边上的石头已经凸凹不平，没法再扶了。第二，当着同学们的面，挑边上的位置，有些丢人。于是，我决定“拼了”。我选了个离栏杆不太远的地方坐了下来，以便应急时还够得着。然后两眼一闭，双脚一蹬，滑了下去。在滑的过程当中，我的心跳得都快到嗓子眼了。万幸，很顺利地滑了下来，没有受伤。经过第一次，我的胆子大起来，一共滑了17次，都没出事。后来我还试着用各种新方法滑，侧着滑，躺着滑，站着滑……

时间过得真快，老师叫我们回去了，我只好依依不舍地离开了“雪山”，离开了陶然亭公园。今天这次活动让我战胜了从来不敢在大滑梯中间滑的恐惧心理，所以我非常高兴。

事实上，老师是非常注意结合各种事件组织自然体育课的。比如下雪的时候，少儿班的老师可以专门调课腾出一个半天，组织孩子们打雪仗；平安大道通车后，老师便带他们沿平安大道（14 公里）走了个来回，让他们在锻炼的同时，了解沿街的人文景观，感受古色古香的清明文化……使自然体育课上得丰富多彩。

记得一位记者在采访了少儿班的自然体育课之后曾感叹道：“少儿班的自然体育课早已超出了狭义的体育课范畴。它不仅锻炼了孩子们的体质、体能，而且涵盖了对学生品德、意志、性格、情操、环境意识、面对困难和挫折的勇气、适应环境的能力、与人沟通与合作以及集体主义和爱国主义精神的培养等许多方面。它已经成为少儿班的一门综合性的素质教育课。”想想确实如此。现在我们的儿子有着极强的自我克制力和毅力，只要他想做的事，他会克服一切困难，而且从不叫苦地完成它。以高考前的体育达标为例。他引体向上不行，他就每天苦练，经常是一手的血泡，仍不间断。最后终于以“优秀”的成绩顺利过关。可以想象，经过这样历练的孩子，在他未来的人生道路上，无论是学习上的困难，还是研究中的攻关，我都相信他会以同样的意志和毅力，走向胜利的彼岸。

四、数理化
——举一反三，以少胜多

对于数理化是怎样讲的，对于我们这些“门外汉”的家长来说，由于它不像自然体育课、语文、外语那样“看得见，摸得着”，所以很难直接感受到老师讲的是多么精彩、成功，但有两个例子可以从侧面间接地告诉我们它们同样的精彩，同样的成功。

一个是一次我儿子整理书包时，突然跟我说：“妈妈，我特别高兴。”我问：“为什么?”他竟然说：“因为明天有 3 节数学课。”当时我非常吃惊。我不知道数学老师怎样讲数学能让孩子因为有数学课而如此快乐！可以想象数学老师课上之精彩，如今我的儿子也走上了探索数学奥秘的道路。

第二个我认为他们班高考的数理化成绩是最好的说明。2001 年少儿班 29 名同学参加高考，全班数理化的高考平均分是数学 125. 11 分，物理 113. 36 分，化学 129. 79 分，远远高于比他们多学了 4 年的同校高三学生。

用 4 年的时间，完成 8 年的课程，在并不增加孩子负担的前提下能取得如此好的成绩，足以佐证少儿班数理化课上之成功。据我们了解，教少儿班数理化的老师都是学校最优秀的教师，他们一方面对初、高中教材进行改革，将初、高中两个循环变成一个循环，去掉重复的、不科学的内容，上来就给孩子最终的、准确的概念；同时注意教给孩子们科学的思维方法，学会举一反三，从最根本的解题思路入手，而不是靠“题海战术”，靠“见多识广”。所以，4 年中他们的作业与相应年级的同学相比，只会少不会多，并不像许多人想象的那样，4 年的时间完成 8 年的课，那“孩子得多累呀！”就拿学习时间来说吧，我们的儿子 4 年中每天睡觉的时间没有超过 22：30，包括最后的高考冲刺阶段。这对其他准备参加高考的高三学生来说，显然是不可能的。老师还特别注意培养孩子的自我学习、自我探索的能力，遇到难题，能自己找参考书，寻求答案，解决问题。今年“十一”，孩子放假回家，背回了两书包书，我一看光数学参考书就有 6 本：《高等数学自学辅导》《高等数学习题错解分析（一）、（二）》《高等数学习题课讲义》《常用数学解题思维方法》《数学思想方法入门》。我问孩子从哪搞的这些书，孩子说从图书馆借的。我听后非常高兴，这说明孩子虽然只有 14 岁，但已经有了自己学习的意识和能力，这比仅仅会做几道难题、考几个高分珍贵得多。显然，孩子的这种能力直接受益于八中少儿班 4 年以来的培养。

上面进行了种种赘述，作为一名少儿班学生的家长，我们只是想表达对少儿班教育的一种感觉、一种认识，那就是他们注重的不是简单地对孩子进行知识的灌输，而是在竭尽全力地、从每一个学科做起地培养孩子的一种能力——学习的能力、探索的能力、创造的能力！

记得美国华裔教育家黄全愈先生曾对素质教育有过精辟的解释：所谓素质教育，根本的任务是培养人的创造力！即运用所学的知识独立解决问题的能力！他分析为什么中国学生可以拿许许多多的甚至全部国际奥林匹克奖，却没有一人获诺贝尔奖，就是因为奥林匹克奖很类似于中国的考试，考的都是已知世界的内容。这种考试只要下功夫，比如题海战术、掌握考试技巧等，就可以拿高分，所谓“功到自然成”。而诺贝尔奖考察的是一个人对未知世界的把握，也即一个人的创造力，它绝不是“用功”或者说我们目前这种应试教育所能培养得出来的。所以，培养能拿奥林匹克奖的学生再多，恐与拿诺贝尔奖也无缘，因为二者是“两股道上跑的车，走的不是一条路！”由此可以看出，我们一直在倡导的素质教育，实际上是要实现对学生从“知识的灌输”到“能力培养”的转变。而八中少儿班的教育，我们以为正是能力的教育；八中少年班的成功，正是这种能力教育的成功。

坚持一下　必有收获

秦　赞

我的孩子

1999~2003年北京八中少8班学生
2003年考入北京大学
（本文写于2015年）

题记：孩子考上北京八中少儿班以后，亲戚、朋友、同事常会问我们是怎么培养孩子的，我总觉得这个问题太难回答。我们的家庭和千千万万的三口之家没有什么不同，我们也不是做教育工作的，所以我们教育孩子的经验只来自于一个个体。

1999年，经过北京八中的严格考核，我的孩子幸运地进入了这所北京市重点中学，成为北京八中少儿八班的学生。2003年，孩子如愿考上了北京大学数学系。2007年，孩子获得美国芝加哥大学奖学金，硕博连读，2013年，获得博士学位。

孩子考上北京八中少儿班以后，亲戚、朋友、同事常会问我们是怎么培养孩子的，我总觉得这个问题太难回答。我们的家庭和千千万万的三口之家没有什么不同，我们也不是做教育工作的，所以我们教育孩子的经验只来自于一个个体。现在社会上培养孩子的“新方式”层出不穷，但是，亦步亦趋地模仿，不一定适合自己的孩子。一个孩子在某个学习阶段的成绩，必定是多种因素作用的结果。我的孩子在北京八中少儿班四年的学习，对他后来的发展起到了承上启下的重要作用。

上北京八中少儿班是孩子自己的决定，我们一直都很尊重孩子的意见，包括后来高考对专业的选择。回想孩子一路的成长经历，特别是在北京八中少八班的四年学习，作为家长我们时常会思考是什么让孩子身心健康、学习好、生活好，顺利地考上北京大学呢？我想以家长的视角，谈谈我对少儿班的感受。

我从孩子在少儿班的学习可以看出北京八中少儿班的“独门秘诀”是探索了一种比较科学的教育方法，并向学生们传授了正确的学习方法，利用每位学生自己的优势因素，开发他的潜能。

北京八中少儿班招收的学生，大多思维敏捷，求知欲强，好学好动，千万不要以为他们是一个个小“书呆子”。当年少八班的学生，后来大都进入重点大学，而且，在各方面都显示出良好的发展前景。

不论普通班还是少儿班，学习都是需要努力刻苦的，没有谁能轻轻松松取得好成绩。不同的是用什么样的教学方法培养学生的良好学习习惯，提高他们的学习能力。少 8 班 33 个学生是 33 个个体，在现阶段他们表现出的天赋、潜质、学习能力和后天学习水平都比同龄孩子要高，面对这样的学生，少儿班的老师们最大限度地根据他们的特点来教学，也就是“因材施教”。

“因材施教”其实是个很传统、很朴素的教育观念，这种教育并不是社会上流传的“天才式教育”，而是中国从古到今一直在追求的教育理念，应该说，这不是一种“全新”的教育观念，而是“科学”的理念和模式，这就是教育的实质——适合，适合一类人。这样的教育方法，可以充分开掘他们的学习能力和学习潜能，也能充分发展他们的个性。

在我看来，少儿班的教育，它更符合这些孩子的特点，它让这些学生保持了一种对学习的亲近性。这恐怕与社会上想象的少儿班教育有很大不同，少儿班并不是“拔高”“速成”，而是讲究“适应性”和“亲近性”，与“人为性”的“速成”是完全对立的，它注重“创造性”的培养，这就是少儿班的办学理念。

少儿班的学生也不是整齐划一的，在知识掌握上和兴趣爱好上各有所长。老师们在教学上非常用心，既有针对性，又是一种润物细无声的引导。

课堂上，老师鼓励学生发散思维，逆向思维，对待一个问题，多角度的多种解决方法，不拘泥一个标准解题思路，孩子会因为研究出了更好的解决问题的方法而高兴，提升了学习兴趣，让枯燥的题目生动起来。在少儿班老师和学生不光是教与学，还形成了良好的师生沟通讨论问题的互动关系，大大激发出学生学习的积极性和主动性。我觉得好的教师就是教学生去发现真理，而不是简单地灌输概念让学生死记硬背。

在少儿班提倡多阅读，阅读文学作品，阅读英文经典。现在的学生自主阅读时间很少，少儿班学生的阅读时间更是有限，想写好语文作文和英语作文是需要文学积累和生活阅历的，这一点对年纪小的少儿班学生显然是弱项。老师们的教学方式非常灵活多样，善于因势利导，老师让学生们在课堂上把自己读过的书分享给大家，讲述自己的阅读感想，由一个人有限的阅读变为大家共同的阅读，使有限的时间扩展，对知识的汲取更多，学习效率提高。

在少儿班被孩子们说起来就眉飞色舞的是他们的“自然体育课”，这大概是少儿班独有的，是他们最喜欢的课。因为它总有新奇的东西，它的课堂不在学校，有可能在游泳馆，也有可能在郊区，冬天游泳、跳水，夏天溜旱冰、划船，春秋天远足、爬山、骑独轮车……这个课程是“超长”的，一堂课就上半天，而且每周一次。少儿班对提高学生的身体素质非常重视，体育课、“自然体育课”比起普通班只多不少，不仅锻炼了孩子们的身体，还提高了他们的意志品质。

作为家长，我参加过少儿班的公开课，我喜欢孩子们那种阳光、开朗、无拘无束、少拘谨的状态，还有偶尔的恶作剧、犯坏、调皮捣蛋。作为家长，我佩服老师们的教学管理水平和敬业精神，非常尊敬他们。

我的孩子是八中少 8 班的学生，八中通过这么多届少儿班的招生和一批一批学生的毕业，积累了很宝贵的对超常儿童的教育经验，无疑这是在践行因材施教。

在如今的社会现实中，课业负担重，升学压力大，使得一些学生学习被动，甚至厌恶学习，上大学之后，没有了老师的严加管束，便不会学习，放纵自己，学业荒废，特别让人痛心，我们对教育恐怕该认真地思考了。

孩子在学习、成长过程中，作为家长，我不会过早地将孩子的学习成绩与将来的成功挂在一起，我觉得不该急功近利，更不会让孩子因被称作“超常儿童”而受到束缚。在学校的学习，是基础，人生的路很漫长，只要孩子能够在学习时认真快乐地完成学业；在工作时能够胜任、能自食其力；在遇到难题需要攻克时，能够坚持一下，必有收获。

诺亚成长日记

朱新佳

我的孩子

2001~2005 年北京八中少 9 班学生
2005 年考入清华大学
（本文为节选，写于 2015 年）

题记：11 岁考上八中少儿班。12 岁说着满口父母无法驳倒的“歪理”，不知天高地厚。13 岁特别自信，坚持练俯卧撑，居然有了腹肌，还到处炫耀。14 岁读了不少小说、报告、政论甚至数学手册，变得温顺。高考前几天，时而紧张不安，时而自信满满，15 岁顺利考取清华大学。

一、11 岁

考上北京八中超常儿童实验班，知识飞速积累，喜欢几何，对化学充满兴趣。体能大大增强，每周半天自然体育课，作极限训练，毅力顽强。与爸爸感情渐深，爸爸出差了，就老问“我爸什么时候回来?”跟爸爸比 25 米自由泳，爸爸已成儿子的手下败将。早晨在闹钟提醒下起床，自己做早饭、吃早餐，然后悄悄上学，独自坐公交车，父母此时还在睡大觉；周末干些家务，如洗碗、择菜、炒菜。看了几部金庸的书，在班上成为“无门无派”的头儿；办了一份《挺进报》，任主编。一场大雪，京城大堵车，你走回家，脸颊、耳朵通红地站在妈妈面前！有了爱美之心，总爱照镜子；要求有自己的隐私；爸爸出差时，再也不肯跟妈妈挤一张床。除几何外，各科成绩中游，但自称“多面手”。班主任说：“要在一群鹤中把头露出来，不容易。”妈妈对你有信心！你有强烈的求知欲、善于思考的头脑、广博的知识面。少儿班组织赴延庆社会调查，登泰山、游曲阜，了解社会，收获颇丰。妈妈被班主任找去谈话，儿子在班上属于出坏点子的捣乱分子。

二、12 岁

骑车上学，妈妈护送两周，第一天就与 38 路公交车侧面相吻，向外倒下，惊险！嗓音开始变粗，父子、母子冲突增多并逐渐加剧；进入青春期，说着满口父母无法驳倒的歪理，不知天高地厚；五官展开，与小时候可爱的模样大不相同，嘴唇变厚，嘴变大，长了毛茸茸的小胡子。妈妈心里真的很高兴，儿子已经长大了，父母必须改变心态，一切只能平心静气地讲道理。家长会又被老师留下，儿子属几大闹将之一。研究家中所有药物的化学分子式，画出其分子结构。写了几篇小说，有战争题材、生活小事，有情节、有发展、有悬念，老师评语“颇有小说的味道”。喜欢音乐剧，为我讲解，引导我欣赏。参加北京市高中应用数学竞赛，开卷，可以用任何工具，题目均为来自生活中的数学，如邮票面值设计。一家三口深夜躺床上隔墙黑灯讨论；儿子首次提出编程思想，无师自通地使用循环变量，建立标志，运用条件判断和转向，画出了框图，请求爸爸用 Basic 语言实现，居然调试成功！儿子又攻克了北京—纽约航线问题，用平面几何的方法近似解决了没有学过的立体几何问题。我意识到儿子的智力足够好，肯动脑，没有不敢下手的问题，真是初生牛犊不怕虎啊！如果我是中学老师，教到这样的学生，会很欣赏。

妈妈生病，知道为妈妈做饭、送水、拿药。少儿班第三学期末，考前自称“十拿九稳”“有过目不忘的本领”，在家自由复习却大睡懒觉，看电视，端出栗子水果等说：“茶话会现在开始!”考前有种莫名的兴奋。我说儿子你过于自信，儿子说“你打击我!”。看他真挺可爱的，跟我很亲，又挺懂事，可犯浑时，脑子像搭错筋了。考试结果：数理化名列前茅，语文外语中等。寒假每天听 VOA Special English（美国之音特别英语），一会儿说太难，一会儿说太烦。我左哄右骗，可只要老爸陪他练习，一定老老实实。参加北京市初中机器人比赛，获第一名。学了议论文就实践，回家挑动我与他辩论，我说的每一个论点他都驳斥。4 月 23 日至 6 月 14 日因“非典”放假，与同学一起踢足球被居委会取缔，只好在家看书、做家务、睡大觉、下楼打乒乓、周末打篮球。

三、13 岁

特别自信，自称“我就是人才!”为军训激动，自己打了三个背包，一大早说：“我出征了!”军训结束回家非要站着吃饭，说是坐着吃不下；早上六点即醒，问“怎么没有军号?”进超市买东西，抢拎重袋子，开始知道保护妈妈。吃零食时，总给父母留一些，或非要叫爸妈吃一些。为小得不能再小的事，跟父母坚决对着干，把事情闹大。责问“为什么我对你们拍桌子，就要我道歉；父母对我拍桌子就不能道歉?”“即使我有错，也是子不教父子过。”情绪多变，会从高涨突然转入低落；常犯浑，不肯给需要帮助的父母助一臂之力。我说“不指望你给我养老”，儿子找录音机要录下来，令我伤心。有几天儿子老说郁闷，没有以前过得爽，对自己不满意。儿子说，因为郁闷才与父母冲突的。我说：“其实我们根本不可能把你往外赶，你永远都是父母心中最重要的。”爸爸内心对儿子欣赏有加，只是从不放在脸上。

坚持练俯卧撑，居然有了腹肌，还到处炫耀。在家练习几次钢琴，在音乐课后展示了一次，下面有两个听众。在班上有个雅号“江南才子”。太太、外婆、外公来京住了两周，太太在成长记录上给重孙赠言，外公外婆也给儿子各写了一篇成长记录。

突然发现儿子已有小喉结。冬季滑雪，第二次就上了高级道。各种运动，一点就通。自然体育课练习跳水，从一米跳板到 3 米、5 米、7 米跳台，全班每个同学都接受了考验。前往南宁参加第四届中国青少年电脑机器人竞赛，在火车上开始学打桥牌。CCTV-1《新闻联播》有一小段关于机器人竞赛的报道，妈妈当夜大声说梦话“我看见诺亚了!”

儿子成功竞选了班长；荣获“希望之星”。儿子说，我佩服某某、某某同学的人品、沉稳、胆略、智力、学识。我问：“诺亚有什么?”儿子答：“才气!”

我生病，儿子为我倒水、捶背，建议我去医院。在温顺懂事与顽劣犯浑间不断反复，许是荷尔蒙的因素。

提前一年参与高考咨询，儿子只关注北大的元培班、数学学院、智能科学、生命科学，其他不予考虑。成绩进入第一阵营；很自信，扬言当高考状元也不是没有可能。自称到目前为止，每学期一任班长，我是做得最好的！组织象棋和国际象棋比赛，制定比赛规则，安排比赛顺序。过了最后一个儿童节。

四、14岁

读了不少小说、报告、政论甚至数学手册。变得温顺，每天放学回家，进门就自己喊“欢迎、欢迎”；跟父母交流很多。我们很久不过问儿子在学什么、看什么参考书，感觉儿子自己把握得不错。暑假赴敦煌、酒泉航天中心、嘉峪关，感受航天技术，调研西部环保；火车上，儿子与三个男同学被安排在另一车厢，因为他们比较懂事，老师放心。进入高考预备状态，撤掉电话，关掉电脑，停止棋牌娱乐。暑假去南京祝贺外公七十大寿，外公在图书馆借了理科院校用的高等数学教材“数学分析”之北大、吉林大学版本，我想让他看看，看不下去就打消选数学专业的念头，谁知他看后说懂了。在南京扬州，特别能吃，吃饭时常豪迈地说：“你们先吃，吃不完的我包了!”外婆、奶奶特别高兴，说没想到有这么一天，小时候吃饭那么费劲。

暑假并未见儿子紧张起来，天天睡懒觉，看“名侦探柯南”，玩电脑游戏，很多暑假作业到开学前尚未完成。电脑游戏被爸爸删掉，儿子说“你会删，我不会down啊?”。我有点着急，但儿子说：“你为什么好打击别人?”眼镜度数加深，重配眼镜，真替儿子的眼睛担心!

中学最后一年，相当于高三。跟同学打架，处理方式不够大度。儿子承认，高三打架因为压力比较大，用打架的方式找个发泄渠道。英语太差，参加新东方高考英语特训班，月考感觉不好，考完说两眼冒金星，可成绩出来后全班第一，太阳从西边出来!

连续感冒、发烧，开电梯的阿姨特别喜欢儿子，来家里帮儿子刮痧。儿子说：“高三的生活就是与学习做斗争，其乐无穷!”仍然不肯放弃边学习边听音乐。儿子感觉英语语法、写作豁然开朗，大有提高，知识点经新东方老师条分缕析，突然在脑子里清晰起来，做题时知道出题者要考什么，英语作文被当成范文。月考不再大考大玩，但在网上下载了许多钢琴琴谱和歌词，回家还练习弹琴。高三上学期基本晚上九点即做完所有功课，儿子说目前的状态是花了六分力气。

获得清华自主招生机会，跟八中另一保送生一起参加清华冬令营，参加了笔试和面试。面试考的是知识面和推翻权威结论的勇气；清华回来，儿子最大的感受是牛人太多。我问儿子：“你算吗?”儿子说：“我算小牛人!”获得清华自主招生加20分。

高考前最后一个寒假，除了补课一周外，每天睡懒觉、看电视、玩电脑，状态不好。一模考试成绩出来，全班第一名，八中第五名，但回家并无兴奋表情。原来被正副班主任臭骂了两顿，因为丢了不该丢的分。志愿考北大，被我们改成清华，跟我俩吵架，我们让儿子正式填志愿时自己决定。

八中举行最后一次铃声仪式，全校同学送高三和少九班学生，儿子十分留恋八中。近期比较懂事，温顺，情绪也平稳。

高考前十来天，我开始为儿子做早饭，让他多睡10分钟，之前一直是我头天晚上准备好，儿子自己用微波炉或电磁炉做早饭的。楼里的电梯工说："这楼里好几个高考的孩子，就你这个妈最省心。"志愿填了清华、北邮、港大、香港科技大学。高考前几天，洗澡时大喊："啊——！要高考了！""旗开得胜，求全胜！"拿到准考证，我说"别丢了"，儿子说："这是你投资的股票，是绩优股。"我说："现在只能说是潜力股。"

儿子从学校把所有用品背回来，说："胜利大逃亡了！"中学时代结束了！高考前几天，时而紧张不安，时而自信满满。考前一晚全家去超市购物，路上儿子说："高考要是不能把我这样的人选出来，那这个考试有问题！"

五、15岁

2005年以裸分622分考取清华大学，并未用上自主招生的加分。接到清华大学数理基础科学专业录取通知书，同时也被香港大学精算专业、香港科技大学生化专业录取，儿子最终选择了清华。

感谢上帝给了我如此优秀的儿子，他健康帅气，智商极高，正直善良，修养良好。从小到大，以及未来，无论他成功还是失败，我都对他抱有信心，他是我们最大的财富。

我们家长也是少儿班的受益者

黎　飞

我的孩子

2004~2008 年北京八中少 11 班学生
2009 年考入天津大学
（本文写于 2015 年）

题记：作为家长，最初我只不过是个旁观者，但与孩子一起在少儿班度过的四年时光，尝尽酸甜苦辣，让我也成为少儿班的受益者。现在少儿班的孩子们各个发展都不错，我对少儿班心存感激，为孩子们自豪！

今年，八中少儿班成立 30 周年。我的孩子是少儿班的参与者，也是受益者。作为家长，最初我只不过是个旁观者，但与孩子一起在少儿班度过的四年时光，尝尽酸甜苦辣，让我也成为少儿班的受益者。现在少儿班的孩子们各个发展都不错，我对少儿班心存感激，为孩子们自豪！

我的孩子离开少儿班已经七年了。回想孩子在少儿班的四年中，那应该是他人生中最美好的时光。

少儿班的特色：是孩子自我管理，每个人都要负一点小责任，为班级服务，每个人都要轮流写班日志，记录他们在学校的所见所闻、所思所想，同学情谊在字里行间播撒。每年少儿班都会为 14 岁的孩子举行 14 岁生日仪式。在 14 岁生日仪式上，父母和孩子敞开心扉，互诉期许，相互理解，增强感情。少儿班的老师们用这种形式，释放家长的忧虑。五个月后，家长和孩子们就要一起面临人生更大的挑战——高考。毕竟，孩子们是与比他们大好几岁，比他们多念三四年书的学子们一起参加高考。其实，结果是令人可喜可贺的，可以说想上大学则人人都能上大学，只不过有些孩子会选择“复读”。

少儿班的老师充分尊重我们家长和孩子的意愿，积极与高中部的老师协商，复读的孩子全部安排在高中最好的班级读书，让孩子们感受高三学子的学习氛围，和刻苦学习的劲头。我的孩子就是复读的孩子，高中一年加快了他的成长，使他的知识掌握得更加牢固，他的成长看似慢了一年，但他确实更加成熟了，看问题的角度也更多样化。复读的孩子不是少儿班的失败，也不能说明复读的孩子不聪明，只是孩子们个性的差异化而已。

我的孩子进入少儿班时，刚好 11 岁，正好是小学五年级升六年级，天真幼稚。四年后，少儿班把我的孩子培养成了一个充满自信、阳光向上，身强体魄，一米八左右的大小伙子。这都是老师们呕心沥血，倾囊以授，才使得他逃离无边题海，得以偷闲，得以拥有比同龄人更充实的少年。大学期间，他牵头和二个同学去上海看“世博会”。2014 年暑期，他开着他的爱车，我们全家行程 4000 多英里（6437 千米）游历美国。2014 年寒假，他又开车与美国的同学结伴去滑雪。

现在，我孩子少儿班的同学都已大学毕业，他们的选择也是多样化的。2013 年我的孩子大学毕业，选择了出国读书。两年过去了，2015 年是他收获的季节：EE 研究生毕业，继续读 EE 博士。后又参加 12th IEEE 生物医学成像国际研讨会（ISBI 2015），与同行切磋、交流成像问题。不到 22 岁的他非常独立了，也有自己的是非观，让我很放心。

比如，第一年他的印度同学夜里 12 点让他参加生日聚会，他就婉转地回绝了：“太晚了，明天还要上课，我要休息，不去了。”我为孩子高兴，只说了一句话：“儿子记住，什么时候都不要把自己立于危墙之下。保护好自己。”他也明白今后的路他必须要自己走，要想得到别人的认可，学生就要用“分数”说话。既要努力读书，取得好分数，同时，他承担了一个课题，解决了 CT 扫描小老鼠一次就死的成像问题，现在 CT 可以对小老鼠扫描三次。他还有一颗知足、感恩的心。刚到美国不久，导师发现他基础知识比较扎实，就主动询问他：“喜欢什么?”他说：“大学毕业设计是图像，还想搞图像。”导师说：“我这里正好有一个小课题是有关图像的，你做不做? 报酬有点，但不会太多”。他觉得自己特别的幸运，除了学习外，刚到美国就有课题做，还有钱，可以自力更生，起码能解决大部分的生活费，他知足。导师对他的评价：“这样的孩子我愿意教，聪明的孩子有的是，但能像他这样踏实、虚心学习、肯干的孩子不多见。”他对自己也有了更加客观的认识：牛人到处都是，我只有谦虚地求教，我才能变得“牛”起来。儿子还来安慰我：“妈妈放心吧，我毕竟是少儿班出来的！”孩子是多么认可少儿班，他是少儿班的一员。

孩子长大了，他又一次面临人生的选择：是工作，还是读博？虽然他学的专业，在美国还是很好找到工作的，月薪也不低，最低也有 6000 美元。他没有选择工作，而是选择了读博，他也知道读博的路上有许多未知，如果顺利，光写论文就要花费一年半的时间。他就像当年选择少儿班一样，选择读博，接受挑战！

孩子毕竟刚 22 岁，我也要时刻提醒自己，不要忘记少儿班老师的话，每个孩子都是个体，每个孩子都是不同的，认可孩子、接纳孩子，不要怕孩子摔跤、跌跟头。要欣赏孩子，做孩子坚强的后盾，以一个平常心，为孩子营造一个温馨的家才是最重要的，孩子就一定会带给你更大的惊喜！

适合少儿班的孩子，少儿班就是天堂，不适合少儿班的孩子，就不要上少儿班了。上与不上少儿班都不是关键，关键是要相信少儿班甄别“超常儿童”的科学性，少儿班选出的孩子一定有别于普通孩子的特性。加之，老师的特殊教育，关注孩子的用心程度，都不是常规学校能企及的。我的孩子受益于少儿班，其实我们也是少儿班的受益者！

我真诚地希望少儿班越办越好，走自己的路让别人说去吧。少儿班是少儿班孩子自己的第二个家，那里是孩子们生活、学习的地方，承载着孩子们儿时酸甜苦辣、五味杂陈的记忆！

培养孩子的几点体会

陆礼阳　梁春凤

我的孩子

2005～2009 北京八中少 12 班学生
2009 年考入中国人民大学
（本文写于 2009 年）

题记：离开家门，步入校门；离开校门，步入社会。孩子不可能永远生活在父母的怀抱或在老师的庇护之下。学会做人，是孩子的立身之本，也会终身受益。

回想孩子成长的过程，我们认为在教育孩子时以下几点是很重要的。

一、要加强思想道德的培养

离开家门，步入校门；离开校门，步入社会。孩子不可能永远生活在父母的怀抱或在老师的庇护之下。学会做人，是孩子的立身之本，也会终身受益。因此在孩子懂事和能明白道理的时候，一定要教育孩子必须有良好的道德观念和是非观点，要有健康的心理和健全的人格，决不能让孩子成为知识丰富而性格古怪，对父母没有感情，对他人、社会漠不关心的人。要经常利用正反两方面的事例，让孩子从中吸取经验和教训，使他们从小就有爱憎之心、美丑之心、荣辱之心和善恶之心，使他们在学校、社会和家庭教育下，在德智体美劳等各方面得到全面发展，从而成为有用之才。

二、要加强意志品质的磨炼

现在大多数家庭都只有一个孩子，从小就生活在优越的环境之中。不仅生活无忧，而且享受爷爷奶奶、姥爷姥姥的百般呵护。在这种背景下，父母作为孩子的第一任老师，一定要有清醒的头脑，坚持对孩子的性格意志进行磨炼和培养。教育孩子时要恩威并施，好的表扬鼓励，错的批评教育，绝不能溺爱，怕让孩子受委屈。要让孩子承受适度的挫折，使孩子从挫折中吸取经验教训，增强战胜困难的勇气。但要注意的是，在对孩子实施挫折教育的过程时要适度，避免孩子产生消极情绪，引起负面影响。

三、要加强综合素质的教育

社会是多元的，也充满了竞争。综合素质高、团队精神强、复合型的人才始终是人见人爱的对象。要想让孩子在以后的学习、工作和生活中，始终高昂士气、充满力量，进而成为强者，就必须加强综合素质的教育。除了语数外、理化生等必修课外，应在音乐体育美术和历史地理及社会知识上加强教育，培养他们的人文素养和自然情怀。同时也要适当组织孩子参与一些集体活动和社会公益活动，培养他们的团队精神和社会责任感。特别是少儿班由于学习任务重、在校时间短的情况，这方面学校和家庭更应加大关注和投入。北京拥有全国最多的纪念馆和博物馆，学校和家长应在时间允许的情况下带孩子多去参观学习。

四、要加强学习兴趣的引导

由于孩子年龄小，学习的任务和压力均比同龄的孩子大很多，尽管少儿班的孩子智商都很优异，但如果在学习上不注意方法而“揠苗助长”，就会引起孩子的厌学情绪，欲速则不达。因此，教育孩子要始终以表扬为主。当孩子学习遭到困难和挫折时，一定不要责怪，而要帮助他分析问题原因，避免对孩子自尊心的伤害；当孩子取得一点点进步和成绩时，要及时肯定和鼓励，维护孩子的自尊心，培养孩子的自信心，从而激发他的学习热情。

五、要加强生活能力的锻炼

将孩子培养成人是我们家长义不容辞的责任。让孩子能够独立生活也是十分重要的。孩子的独立性只能在实践中逐步培养起来。作为家长我们要认识到孩子无论做什么事都是从不会到会，然后到熟练。因此，在培养的过程中，不能急于求成，更不能越俎代庖，要放手让孩子自己去锻炼。比如教孩子学习骑自行车并熟悉路线后，我们就让其自己独立上下学。节假日上课外辅导班时，也是让他自己坐公交车来回。放学回家后，也注意锻炼他做一些简单的家务活。每次都放手让孩子自己去做，哪怕做错，也要对他多鼓励少批评。一次不行做两次，两次不行做三次，直到满意为止，让孩子感受到独立完成任务的快乐，从而培养较强的生活自理能力。

六、要加强学习环境的营造

教育环境的优劣是孩子成长的寒暑表。古时教子有“孟母三迁”的故事。可见良好的教育环境对孩子的成长是多么重要，除了学校环境以外，家庭教育环境的营造同样重要。要给孩子提供一个良好的学习生活环境。孩子要有独立的生活空间。要注意孩子的成长需求，满足他们一些合理的愿望。要让孩子放学后回家感到父母的关爱和家庭的温馨，同时，家长还要在品行道德、社会交往和热爱学习方面给孩子做好样子，教育孩子生活上注意艰苦朴素不要盲目攀比，学习上要高标准力争上游。只有这样，孩子才能在父母潜移默化地影响下，不断完善自己的人格，培养良好的学习习惯。

插上飞翔的翅膀

杨宇飞

我的孩子

2006~2010 年北京八中少 13 班学生
2010 年考入北京大学
（本文写于 2015 年）

题记：在少儿班四年，大家都是每天晚上 22：00 睡觉，早上 6：20 起床。即使是高考临近的几个月，也没人熬夜。少儿班的老师们有一句话常挂在嘴边：“跟普通班的学生拼时间是拼不过的，要拼就拼效率。该玩就痛痛快快地玩，该学就一心一意地学。”

2014 年 9 月，我的女儿翘翘踏上太平洋彼岸，前往世界经济学的最高学府——美国芝加哥大学攻读经济学博士学位。这年她刚满 18 岁，北京八中少儿超常教育实验班又开始投入了新一批学生的培养工作中，这似乎与我女儿的生活已成平行线，但在那曾经相交的时刻，却真真切切地改变了她的命运，我家庭的轨迹也由此发生改变。

翘翘降临这个家庭比较晚，我曾决心当丁克一族，直到结婚 12 年后才改变了初衷，因而 36 岁才怀了她。当时我的事业已收获颇丰，家庭也有较好的经济基础，有能力与时间去考虑孩子的教育，对她的未来做了很多的憧憬与设想。

在育儿观念上，我一直坚信科学育儿是正确道路，读万卷书、行万里路是最好的教育方法，树立远大志向是幸福源泉。因此，从怀孕起，我与孩子爸爸就遵循“科学育儿”的方法，在她出生后用各种方法训练智能和体能，每一步的体能训练也比书本做得更早。六个月的时候就教她翻硬壳书，一岁多一点儿开始认字，一岁半看小读物，三岁她就能自己阅读小人书了……我们还每周带孩子外出游玩，一岁前进了六次动物园，二岁带她去巴黎旅游，后来的游泳、轮滑、跳舞、钢琴、英语学习又使她成为活泼、开朗、精力体力充沛，同时又不娇气的孩子。

一、快乐、不厌学就是一种胜利

初闻八中少儿班是在我女儿一岁的时候，当时工作单位同事的女儿 14 岁从少儿班毕业，考上了八年制协和医科大学。“这简直是神童班!”我内心充满了好奇，去拜访同事时她反而比较淡然：少儿班的学生都是 10 岁左右入学，读四年毕业参加高考，基本都能考上重点大学。这于我却似乎是天方夜谭，有点遥不可及。

后来在孩子四岁的某一天，我们去探望“神童”姐姐，见证了她是健康活泼的大学生，并非书呆子，因而约定以后也争取报考少儿班。那时我觉得不大可能被录取，但给孩子一个奋斗的目标也不枉然。

翘翘五岁半就上了小学，学得一直很轻松，虽然没有非常拔尖，但在逻辑方面显现出天赋。她四年级时仁华学校举行分班考试，数学加试 20 分的逻辑题，多数学生得分在 10 分左右，而她考了 19 分，这个纪录至今无人打破。此后，为了考上好的中学，我也化身成“怪兽家长”，给她报了各种补习班：华数、英语、钢琴、舞蹈、长笛，填满了课余时间，每年各种补习班费用高达三万，家长疲于奔命，孩子亦不快乐。就这样到了五年级，因为功课太简单，上课纪律严，竞争班长又被年龄大的孩子们排挤，女儿突然厌学了，几次和我说不想去上学。焦急无奈中，我想到了少儿班。

我带着孩子去八中咨询，起初抱着半信半疑的态度，但经赵老师一番介绍感觉像抓到了救命稻草：不用作任何准备，考智商和情商，条件合适就录取。我们欢喜得毫不犹疑地报了名。当时我只想给厌学的女儿一点希望，其实内心没太大把握，毕竟孩子六个月大时测智商只有 128 分，不属超常智力，被分到仁华一班不久也因成绩不好降到三班。考这个班的孩子要经过初试、复试、封闭式试读“三关”淘汰，2000 多人报名最后只录取约 30 人，称得上是“百里挑一”。但没想到过五关斩六将，她很顺利地进入了试读关。

当时有 60 个孩子进入试读，住校一周，进行封闭地动态考察。期间，老师注重考察他们学习过程和学习能力，重点指向非智力因素，经过严格的条件筛选，最后留下 30 名。让我们惊喜的是，女儿住校期间一直非常快乐，显示出的活泼好动与自理能力也受到老师的关注，拿到了宝贵的名额。回家后她给我们描述少儿班的快乐生活时，我和她爸爸认为孩子上少儿班能够快乐不厌学，就已经是一种胜利。

此后，孩子回来谈起最开心的事都会两眼发光地说：“老师上课很好玩，作业也少，我每天都有时间大量阅读了，学校每年还带我们去国内外旅游。”不仅如此，我们也得以从孩子的学业“枷锁”中解脱，因为少儿班没有小考、中考的焦虑，不允许家长报任何课外班也为我们每年节省了数万元，用于全家外出旅游。少儿班的生活与学习如此轻松快乐，这是我们始料未及的，而且学校特别注重体能锻炼，完全符合我们的培养理念。

二、学习讲究技巧与效率

考入少儿班后，得益于老师独特的教育技巧，翘翘的学习兴趣越来越浓。我曾现场听过一节数学课，上课时数学老师居然现场做爆米花给学生们吃，通过了解爆米花的制作技巧，让大家领悟优化设计中的知识。而且课堂上学生可以与老师争论，同学之间也可以“交头接耳”，互相交流。“鼓励独立思考，鼓励与众不同，鼓励创新”是少儿班教育的思想精髓，这种开放的教学模式恰恰适合我那爱好动的孩子，她总是班里最活跃的，也经常被老师叫去办公室思过，但这种个性依然得到老师的欣赏与偏爱，这在普通学校是无法想象的。

听女儿说，在少儿班四年，大家都是每天晚上22：00睡觉，早上6：20起床。即使是高考临近的几个月，也没人熬夜。少儿班的老师们有一句话常挂在嘴边：“跟普通班的学生拼时间是拼不过的，要拼就拼效率。该玩就痛痛快快地玩，该学就一心一意地学。”

孩子以前上的小学每天的作业特别多，为了早点写完作业，挤出玩的时间，她从小就养成了写作业快的习惯。这一优势在当初考少儿班时起了作用，少儿班入学考试题量特别大，很多孩子都说写不完，可是她全都做完了。上了少儿班后，得益注重效率的教育模式，孩子做题的速度与正确率更是走向了“高效率”。这种“高效率”，让她在日后的学习中受益匪浅。高考二模的时候考理综，她提前50分钟就答完题了，正式高考的时候理综提前15分钟做完了，多出来的时间用来检查。

提高了学习效率，孩子有更多的时间去发展自己的各种兴趣：读各国名著、看诗词歌赋、打羽毛球、关注新闻，还有看她喜爱的篮球转播。在书海里的广阔涉猎使她每次写作文都成为全班的范文，也因为她阅读量大，考试时读题也快，就节省了很多时间。

四年的少儿班学习还让女儿明白，取得好成绩，智商不是最重要的，方法才是关键。每个人都有适合自己的方法，要善于集合各种意见，找到最适合自己的路径。她的物理学习就是高考二模之后才找到正确方法。

二模之前，翘翘的物理总是考不好。她觉得自己有好的水平，但就是发挥不出来。二模的时候，她的物理成绩比全班平均分还低十多分。为了树立信心，她从最简单的题开始训练，然后逐渐增加难度，直到难题也都做对了，她确定自己不是水平问题。她又开始反思自己考试中影响正确率的因素，最后发现自己的错都犯在看题马虎上。因为读题太快，漏掉了许多有用信息，很多题没详看题就开始答，自然做不对。之后她给自己定了个规矩：看题时要画出重要信息，并且，不要根据自己的思路臆想出题的意图。后来，她的物理成绩提高很快，不久就在班上名列前茅了。

三、真正全面的“素质教育”

少儿班的“超常教育”最引人关注的是“速成”，14 岁的孩子在知识和能力上与 18 岁的孩子相比毫不逊色。但“速成”的只有学习吗？当了四年少儿班家长之后，我意识到他们的教育目标是培养一个人格健全的孩子，不仅是知识的传授速度和独特的教学方法，而且是真正全面的“素质教育”，使他们日后能正常地融入社会。

少儿班每周开设半天的“自然体育”，冬天游泳、跳水，夏天溜旱冰、划船，春秋天远足、爬山、骑独轮车……他们甚至能远足走上十几千米。这样上体育课在中学课堂上很罕见，它的确练就了学生们的毅力和勇敢，因此少儿班的一些孩子在进入大学后还成了高校的体育健将，我的孩子也受益匪浅。

翘翘自小长得比同龄人快，14 岁就长到了 1.7 米，运动能力也特别强。她代表少儿班参加校运动会，最多时个人就能拿到 30 多分。百米跑也是她的强项，在学校比赛中曾获过冠军，羽毛球水平更是学校女生中的佼佼者，这些基础让她大学后得以加入校里的羽毛球队。

四年的学习时间比别人短，但翘翘接触社会的机会却不比别人少：到农村进行社会调查、参观科研所、听科学家讲座……学校还每年组织孩子们去国内外旅游，石窟、黄山、苏杭，远至美国等都留下了他们的足迹。读万卷书也要行万里路，孩子在其中开阔了视野，提升了独立能力，与外国朋友的交流没有任何语言障碍，也渴望向更大的世界出发。不知不觉，我的冀望反而跟不上了孩子的成长。

孩子能全面发展，少儿班的老师们功不可没。这些教了孩子们四年的辛劳园丁，每位都很爱孩子，日常学习中给予悉心指导，生活上的错误也巧妙解决，教导他们对大小事情懂得自己说理与评判。

四、这是一种教育公平

“少年大学生”“超常教育”，外界对少儿班的争议从未停止过，甚至有人质疑这是一种不公平的教育，但在我看来恰好相反，顾及孩子的特性，因材施教才是教育公平的表现。

在普遍学校，一个班的尖子生与差生都只占小部分，大多学生处于中间阶段。因此老师授课时通常以中间学生的进度为标准，往往导致差生跟不上、尖子生“吃不饱”的现象，这也提示了分段化教育与特殊化教育的重要性。假如尖子生“吃不饱”，很容易产生厌学的情绪，而少儿班把一群情商与智商较突出的孩子集合在一起，整合教学内容，把七年的课程科学安排成四年时间去传授，使孩子的潜能得到了充分发挥。

少儿班的教育公平不仅体现在授课上，为“捣蛋”的孩子也打开了一扇门。王羽尧从小活泼好动，喜欢在课堂上说话，这令她在普通学校容易受排挤。但在少儿班里，以往的缺点反而成了她的闪光点，在第一年里还竞选上了班长。后来高考时，她与班里最好的朋友，另一位“淘气蛋”，考出了少儿班最好的成绩。

我曾担心“超常”教育是否会造成孩子拔苗助长，但出乎意料的是，这样劳逸结合的学习环境对她再适合不过了。她能在这里融洽地学习与生活，包括住校，在期间锻炼了学习自理与生活处理能力，培养了很强的独立性。

2010 年高考，女儿考了 683 分，成为当年少儿班的状元，被北京大学录取。当我们把成绩告诉她时，她高兴极了，实现了自己的目标。在很多人眼中，14 岁上北大都是小神童，而且她是第一个 14 岁报考北大经济学院的，所以当年媒体给了她不少光环。这些光环的背后，有着少儿班的辛劳栽培，我作为孩子的母亲至今心存深深的感激。

五、在北大完成了成年礼

我们家离北大很近，孩子小的时候经常去校园游玩，或是去看电影。她的爷爷、奶奶、姥爷、姥姥都是知识分子，经常给她讲一些北大的故事。因此她从小就对北大有一种憧憬。高考之后填报志愿，她填了北京大学和香港大学，虽然也被香港大学录取，但她还是选择了北大。因为她觉得以后要在内地工作，香港的教学内容和模式，以及在港大积累的人脉关系，将来恐怕用不上。之所以要选择学经济，是因为经济学最需要逻辑思维，她能在其中发挥所长。

孩子刚上大学时，我曾担心她会否因为年少而不够成熟或是与身边环境格格不入，但她刚上大学就当了班长，后来还做了校文化部的副部长，与同学相处得非常融洽。我忧心的一切都没发生，这其中家庭的培养很重要，也得益于少儿班的教学环境。

初入燕园，女儿觉得什么都新鲜、好玩。学校“百团大战”的时候她加入了学生会的文化部的羽毛球协会，大一开始就经常去羽毛球馆。在那里，她以球会友，结识了很多朋友，又以学生会文化部成员的身份，参与北大每年的巨星比赛。丰富多彩的课余生活使她玩心大开，渐渐有点忽略学业。

第一学年结束时，孩子发现自己的成绩一般，有些不淡定了。再加上她宿舍里有一位“学霸”拿了奖学金，就更加不淡定。为了找到自己和“学霸”的差距，她开始观察“学霸”舍友的生活安排，发现舍友每天都会花很多的时间在图书馆，很努力。于是经常与这位舍友一起学习一起思考，成绩也有了提高。

对于自己思想的改变，女儿认为归因于自己的专业，她觉得经济学是理科和文科之间很巧妙的平衡，有了经济学的思维方式，看待问题的角度和方法，站的高度也就不一样。

大二的时候，孩子把大部分的时间都给了“学习”，虽然当上了文化部副部长，但课外活动仍难免地减少了很多。她没有经常打球，也不经常出去玩儿，有些朋友自然慢慢走得远，但她认为追求总会有代价，而在追求未来的路上就必定会经历孤独，那时，梦想将会是最大的动力。很多道理我从未跟她说过，但她也渐渐成长了起来。

大二期末结束的时候，孩子开始慢慢变成所谓的“学霸”，大三上学期还评上了国家奖学金，也同样是在这学期，她申请交换生，第二个学期就去了墨尔本大学，在国外待了半年。那时孩子已经去过 20 多个国家，起初以为到了澳大利亚应该是如鱼得水，可是现实却并非如此。她在那边遇到了很多困难，也开始自我反省。后来通过与老师的交流以及对专业更深入地了解，她慢慢意识到只有在学术上自由才是真正的自由。也就是那时，她有了读博士的想法，于是努力考了托福和 GRE。

回到北大之后，大四上学期，女儿开始申请芝加哥大学经济学博士。说起为什么会选择芝加哥大学，她说是因为经济学院的老师们经常讲“芝加哥学派，经济学的殿堂”，她觉得很神圣，而且从各种国际交流中她认识到了中外学术体系的巨大不同，所以也很好奇他们对经济学有怎样的解读。芝加哥大学的经济学很难申请，但通过一番努力她还是得到了。当她把被录取的消息第一时间告诉她的导师时，导师立马告诉了系主任，系主任还专门跟院长说：“你看，这孩子，今年 18 岁，去芝加哥大学读经济学博士。”

六、路漫漫其修远兮

刚到芝加哥大学留学，孩子感觉每件事都比想象中的难，大家的教育甚至工作背景都差异很大，各有千秋，那些优秀的人无形中给了她很大压力。

在学习上，外国同学普遍都特别善于也乐于展现自己。他们不仅回答问题和做展示的时候自如大方、绘声绘色，连平时小组讨论的时候都力求把每个观点讲得天花乱坠。孩子跟他们聊天发现他们每个人都非常注重演讲能力，在日常生活中不放过锻炼的机会，长期下来不仅口才好逻辑思维也强，这对学习和科研都有非常大的帮助。因此孩子每次表达观点也都逼着自己向他们的风格看齐。

关于到芝加哥大学后的学习，孩子有这样一段描述：“从小到大再拼命地学习也不似今天这般令人疯狂。30 多号人废寝忘食地聚在一起或是奋笔疾书或是激烈辩论都只为了完成完不成的作业——这简直就是搏命。看着聪明绝顶的同学们也大脑麻木结结巴巴，我反而似乎略略感到了芝加哥学派的魅力，路漫漫其修远兮……”

子女成才是父母最大的安慰，而在我们这个家庭里，从未以长辈的身份向孩子施加压力。我与孩子爸爸一直把孩子当作朋友，在孩子遇到困难时又化身为她可以依靠的大树，让她愿意对我们倾诉，寻找帮助。然而无论是学业上还是生活上，她的成长总是超乎我们想象，从大二起，她还包揽了家里所有的旅游策划，让我们在旅程中充满惊喜。年轻一代始终是胜于年长一代的，他们身上有很多值得我们学习的地方，现在女儿就成了我的榜样。

2015 年 3 月，春风吹开了寒冬，我与孩子踏上希腊圣托里尼岛，在璀璨的希腊文化与爱琴海的怀抱中欣赏了这里闻名于世的落日。当地平线吞没了夕阳，女儿却迎来了新的晨曦：第二学期成绩考核，获得了三个 A。然而远方还有更大的目标在等着她，我们从小教育她上大学只是生命中的一小部分，以后要做个对社会有用的人，如今她也希望留学成才，对这个国家这个民族做出贡献。衷心感谢少儿班的老师能让孩子脱颖而出。

小小种子长成大树

——雨末成长的几个脚印

杜　雨

我的孩子

2007~2011 年北京八中少 14 班学生
2011 年考入清华大学
（本文写于 2015 年）

题记：少儿班开学了！第一次数学摸底考试，雨末只得了 17 分！形势更为严重的是，17 分是全班倒数“第一”！而同学里竟有得满分的！放学的路上，雨末哭了！考取少儿班的自豪、兴奋，在开学的第一天被残酷的现实击得粉碎。

“北京大学，果然人文气息浓厚，仿佛有厚重而微妙的历史在缓缓发酵。但无论是博雅塔，还是未名湖，还是百年纪念讲堂，都没有在我的心中产生共鸣。不知为何，我感觉自己仅仅是一个过客，不属于北大的温润亘古。清华大学给我的第一印象就很好。清华校园里，开阔的视野，学生朴素的衣着、匆匆的脚步都在诠释着清华脚踏实地的学子精神，清华已经收服了我的心。自强不息，厚德载物，我相信这将是我两年后的校训。努力吧！革命尚未成功！”

这是八中少 14 班自然体育课，集体参观北大、清华后，雨末的“观后感”。你相信吗，出此狂言的雨末，当时（2009 年 12 月）她刚刚 12 岁，距离高考还有 18 个月。而当你了解了她在刚进少儿班时的成绩时，便会理解她是怎样由“小小种子长成大树”的。

2007 年，“四年级，我参加了少儿班考试。谁承想一个试试竟然真的试进了少儿班。当时我九岁半，没想过有一天自己也能跻身‘神童’行列，欣喜若狂”。当时的雨末是多么的少年得志!

接到八中少儿班的录取通知书的一个月后，少儿班开学了！第一次数学摸底考试，雨末只得了 17 分！形势更严重的是，17 分是全班倒数“第一”！而同学里竟有得满分的！差距太大了。在放学的路上，当我问及考试成绩时，她哭了！这可是四年的小学学习生活中，第一次为成绩不好而流泪。考取少儿班的自豪、兴奋，在开学的第一天被这残酷的现实击得粉碎，一切都得从头来。

看到雨末的眼泪，我的心一下子揪了起来。我静下心来，安慰并鼓励她：“你是班级年龄最小的，又是四年级考取的，这些是劣势；你被录取，说明你有潜力。其他同学用两个月时间适应少儿班学习生活，我们用半年或更长一点的时间过渡，我们一起努力，一定能赶上他们!”话虽这么说，但我还是很心疼，原本可以快乐地学习，现在变成了有压力的学习了，会不会对孩子的心理健康造成不良影响？挫败感太大了，雨末能迈过去这道坎吗？我们一家三人曾坐下来，很严肃地讨论过少儿班的去留问题。

雨末是个懂事并不服输的孩子，我们一起订计划，将五、六年级的教材选重点再学一遍，特别是分数计算部分。少儿班的数学陈老师每天为班级成绩差一点的学生单独出题目，“差生”们每天放学后到陈老师那领数学卷子，晚上回家做完其他作业后，再做数学卷子。每天去陈老师办公室领数学卷子需要勇气，只有“差生”才能得到如此的“偏爱”。渐渐地，去领卷子的同学少了，因为他们“脱贫”了，而雨末仍要陈老师格外的“偏疼”。小小的年纪，强烈的自尊心受着煎熬。

雨末是四年级考取少儿班的，又是班级最小的同学，当时班级有五年级考取的，还有育民小学超常班即六年级考取的。相比之下，雨末不仅数学基础不好，英语基础也不好。每次英语考试都在 60～70 分之间。少儿班真是“牛人”聚集的地方，其实雨末的英语在小学还是很好的，并考过了公共英语一级。但少儿班的其他同学，有人已考过公共英语二级，甚至有通过公共英语三级的。英语老师在第一学期期末考试后，根据雨末的成绩，严肃地告诉我，雨末的英语如果再不赶上来，会拖后腿的。

每次开家长会，各科老师都会对成绩好的同学给予表扬，而这里几乎没有雨末。作为父母，我们没有气馁过，相信雨末一定能赶上来。愿望是美好的，过程却是痛苦的。每次家长会后，老师都会留下成绩差的学生家长，分别并具体指导，给出如何帮助孩子提高成绩的办法。第一学期，每一次家长会后我几乎是最忙的家长了，因为我要等待数学、英语，还有语文老师的“个别指导”。

在老师的细心指导下，我和雨末的共同努力，终于有了回报。第一学期期末数学考试，雨末“进步了26名”（陈老师的表扬语），当时班级30人。

第一个寒假我们没有休息，也不像以往一到节假日便满世界玩。我们静下心来，只是除夕放了一天假，余下的时间便逐门复习半年来学过的功课。英语单词再背一遍，直至都会了；课文读熟了；练习再做一遍，直至做对了。雨末每次回家自己用秒表计算时间，背诵课文，几次背不下来，便会偷偷地流泪。语文，在小学时原本是雨末的优势学科，到少儿班也成了差科了。特别是议论文，没有一点感觉，不知论点、论据和论证为何物。找来范文，先模仿，再提高。好在雨末在四岁多就识字看书了，有很好的文字阅读基础，语文第二学期成绩也赶上来了。

雨末学习成绩有了很大的进步，精神面貌也有了变化。刚入少儿班时，信心满满的她，准备着竞选班干部。在小学时，她一直是学习委员，于是仍想重操旧业，干老本行。自己在家练习竞选词，功夫不负有心人，第一学期还真的当上了学习委员。但是，因为学习成绩太差了，尽管自己也是很努力了，第二学期，还是落选了。这对自尊心很强的雨末，又是一个打击。我们虽然也知道一个人的成长会有各种挫折，但是打击过大，会不会使她爬不起来？我们耐心安抚、细心引导，告诉雨末：“我们这学期的主要目的是把成绩赶上去，当班干部当然好，为同学们服务，但是，做好班干部要用时间和精力，我们主要要在学习上花工夫。等成绩赶上来了，还可以参与竞选班干部。”

经过老师、家长和雨末的共同努力，雨末的各科成绩终于赶上来了。英语渐渐地有七八十分，甚至90分以上了；语文作文也找到感觉了。第一学年期末考试总成绩位列班级第6名。老师笑了，父母高兴了，雨末更有了信心了。随着成绩的提高，雨末在同学中的威信也逐渐增加，二年级以后，竞选过班长、体育委员、学习委员等班干部。并热心帮助学习有困难的同学，一起进步，就是她说的“水涨船高”，共同进步。那种曾被帮助的经历，使得她更愿意回报曾给予帮助她的班集体。13岁考入清华大学时，雨末不顾是班级年纪最小的同学，仍参与竞选，并成功竞选上了副班长。当时我们提醒她：“你太小了，比同学们小五岁，你能成功吗？”她说：“不试一试怎么知道不行哪？”所以，挫折某种意义上，也是成功的新起点。

雨末二年级后成绩一直在班级前五六名，但是，高考摸底考试成绩并不理想，我们鼓励并引导她：“你们少儿班学习速度快，有些知识还没有完全消化，经过几轮的复习，我们相信你的成绩一定能够上来，考取清华大学是有希望的。”功夫不负有心人，“一模”成绩不错。问题随之来了，翘尾巴了！开始“重操旧业”，最爱看小说。

“二模”成绩不如“一模”。老师也很着急，徐老师建议，雨末晚上自己在家自习，因为在学校老师不可能时时只看她一个。经过一段时间的调整，终于，散漫的心又回到了复习应考上。

雨末在少儿班毕业总结中写道：“我一度想放弃少儿班，可是，内心深处，我有几分倔强、几分不甘。于是，努力半年多，我获得了不小的进步。数学老师高兴地说我‘进步 26 名’（其实，我上一次考试是 25 名）。英语老师放下心来。语文又爬上来了。又过一年，我进步到上游。一直保持到现在……我‘现身说法’，目的就是为了告诉同学们一定要相信自己！每个人都会在转换到更好环境的时候惊觉，自己好像从鸡头变成了凤尾。无数前辈的经历表明，只要吃得苦，黑马就不是传说！每个人都拥有从小小种子长成大树的潜力，只要你相信自己。”

是啊，从倒数“第一”，到高考成绩班级第二，成绩是显著的。但是成长过程中的酸甜苦辣各种滋味，只有尝过的人才能说得清楚。记得一年级期末考试总结会上，王老师在总结时，表扬了雨末，说她是大踏步地进步，并表扬了我，说：“雨末妈妈很有办法，你们可以向她讨教。”我为雨末的进步而高兴，更感恩为雨末进步付出心血的老师们，也为父母的用心得到回报而安慰。我们几乎与孩子一起成长、进步。学习为人父母，为人朋友，为人师长，为人学生。

高考报志愿了，心中早有目标的雨末，只报了她心中的圣地——清华大学！背水一战了！终于，在漫长的等待中，迎来了清华大学的录取通知书，实现了她的第一志愿——清华大学数学系。

2015 年，雨末完成了四年的大学学习生活，即将去异国他乡继续她的求学之路。

愿她经历风雨，再见彩虹！

陪孩子一同走过花季雨季

亦　忆

我的孩子

2009~2013 年北京八中少 16 班学生
2013 年保送北京大学
（本文写于 2015 年）

题记：少儿班四年，我们和孩子一起走过。虽有被气疯和失去耐心的时候，而孩子却在不知不觉中向我们展示了生命中最初、最美好的一面……孩子的眼光是率真的、视角是独特的，何不放慢脚步，陪着孩子静静体味生活的滋味，倾听孩子内心声音在俗世的回响，从没完没了的生活里探出头，这其中成就的何止是孩子。

高考是海，曾几何时，青涩的我们也曾惧怕它、试探它。然而当我们接触它、拥抱它并超越它之后，我们懂得人生的成长便是一次次从此岸到彼岸的跨越。回首向来萧瑟处，每一次日出、每一层涟漪都是美丽动人的；每一袭风浪、每一片乌云都是值得感激的。23 年前一个下雨的日子，我收到了自己的大学录取通知书，23 年后的 7 月，同样也是一个下雨的日子，接到了儿子的大学的录取通知书，同样的场景，我确有着不一样的心境，自信、失落、纠结、忐忑、欣喜、踏实、遗憾……千般滋味顿时涌上心头。

四年前，当得知儿子被少儿班录取之时我颇有些惊讶，讶异于并不出众的他竟会从 1300 余名考生中脱颖而出，而且他是班上唯一一个未在北京上过小学的孩子。从未想过事情竟然会这样发生，一个月之内，我们完成了从一个城市到首都的搬迁，在这期间儿子还参加了钢琴的考级考试。

在懵懵懂懂中，孩子走进了北京八中少年班，开始了他的中学生活。因为在小学阶段，孩子一直都是非常优秀的学生，各种的荣誉悉数落入囊中。我们和孩子都是自信的，认为在少儿班学习不是个大问题，而且在外地人们常常谈论北京学生学的都简单。开学考试却着实让我们吃了一惊，孩子竟然是班里的倒数第一，但当时并未引起我们的注意，想想可能是假期没有好好学习的缘故。但随之而来的，却是更加残酷的现实，期中考试，孩子的学习成绩还是倒数五名之内。入中学之前，孩子的学习一直是自我管理的。因为成绩好，我们没有做过过多干涉。“倒数”的成绩，让我们变得着急了，不理智了，去找了老师，了解了他的学习情况。回来后第一次严厉地训斥了他，让他说为什么上课不认真听讲，为什么作业不改错等等。随之而来的是严格的检查作业，我们时刻关注孩子每一次大大小小的考试，心情随着孩子的成绩时好时坏。因为工作的原因，我要在两个城市之间奔波；因为要照顾孩子，很多工作只能暂时放在一边，工作上的不舍和孩子学习上的问题搞得我们心烦意乱，常常把工作上的压力转移到了孩子的身上。记得孩子背诵《新概念英语》时，一背就是一个下午，我们就认为他不好好背诵，指责他。

在这样的磕磕绊绊中，又半个学期过去了。期末的结果，仍然是倒数的成绩，我们更加烦躁。这样的结果，是孩子从求学开始以来，我们从来没有遇到的。记得期末考试后的家长会，为了能更详细地了解孩子的情况，等到所有家长都离开时，我找到了班主任翁老师。老师指出的学习习惯的重要性，在我们谈话时，孩子两次推门而入，问了一些无关紧要的问题。看到孩子那张可怜的小脸，那双眼睛，我的眼泪一下子涌出来了。突然间明白了孩子其实是多么在意老师和家长的态度啊。回家的路上，孩子一直都很紧张，连说话都是小心翼翼的。我一下子觉得对不住孩子了，作为父母，我们从来没有站在他的角度上考虑问题，只关注了他的分数。突然间我无语了，我竟然不了解自己的孩子。当天晚上，我们破天荒的一次没有在开完家长会后和他长谈，只是淡淡说了一下家长会的内容。寒假中，我们和孩子交流的机会多了，发现了很多的问题。作为家长，我们从来没有意识到环境的改变对孩子的影响会有多大。从外地到北京，是生活环境的改变，房子没有以前宽敞了，每天要自己放学回家，回家后没有可口的饭菜在等着他了；进入少年班，每天面对很多天资聪颖的人，是学习环境的改变。孩子曾经和我说过，上自然体育课时，大家走在长安街上，只有他一个人对周围的高楼大厦感兴趣。他说自己像刘姥姥进大官园，对此我们当时只是一笑而过，而没有意识到这种环境改变对自己的影响。四年后，我们观看班里录制的纪录片时，才得知他的新年愿望就是成绩有所提高，再有就是班里原来一个学校的同学不要总在一起，那会让人自卑的。由此可见，孩子对新环境有多么的不适应，值得庆幸的是，我们很早地意识到了这一点，没让这个不适应持续更久。

谈起背诵的事情，他和我们说因为小学没学英语，老师上课讲啥都不知道，有的时候作业都不太清楚，只好上课问同学。背诵课文他是一个一个单词的背，而不是一句话理解后再背。这样别人背诵一篇只需要30分钟，他却需要三个小时，因为他背了几百个单词。了解种种的情况后，我们明白了一个道理，作为家长的我们，太关注孩子的学习结果，而没有关注孩子的学习过程，其实只要关注了过程，结果必然是好的。

我们分析了孩子的学习成绩，因为一年级时，只考数学、语文和英语，其中语文和英语都是孩子的弱项，语文的作文甚至连完整的句子都写不成，所以成绩肯定是不行的。我们开始鼓励他，帮他分析原因并咨询老师，采取了有效的解决办法。我们给孩子的“政策”是：只要不放弃希望和努力，任何失败都是可以接受的。我们对他的“要求”是：最后高考时，你对我们说，我尽力了，只能考这些分，而不是我要是努力，我就能考上北大清华之类的话。因为孩子当时还小，也不知道这些话对他是否起作用，作为家长，我们放平了心态，对他的要求也不再是四年以后的北大清华了，而是走一步看一步。每次开完家长会后，我们不再当孩子的面找老师，也不当天就回家开家庭会，孩子依然会问“老师说我什么了吗”，我们回答就是：“老师说你进步了，积极问问题了。”等等鼓励的话，而我们私下找老师谈的问题，会在随后的学习中再灌输给他，家中的火药味少了，孩子的学习成绩逐步提高了，进入了班里的第二梯队。

进入二年级，我们发现“上帝关上一扇门的同时，在厚重的墙上又开了一扇小窗”。孩子对生物非常喜欢，总喜欢动手参与一些小的试验，而这种灵性被敏锐的翁老师发现了，老师没有因为他其他学科的成绩不行，而果断地推荐他参加了“北京青少年科学俱乐部”，而这一举动，犹如溺水的人，抓住了一根救命的稻草。我们鼓励孩子说：“你看，班里那么多成绩好的人都没有推荐，老师就推荐了你，老师还是很看好你的呢，咱这学习也得说得过去呀。”他的生活从此发生了改变，从最初的两点一线式（学校+家），变成了忙碌+奔波+疲惫：每日忙碌于课内学习和科研项目的研究；奔波于学校和科研实践活动基地；繁重的学习和多次重复的实验，让他感到疲惫。一切似乎都是顺利的，考试成绩是让人欣喜的，实验成功了。但随之我们发现，他参与的实验一次次面临的失败，一天天的努力付诸东流，因为科研活动占用了大量的时间，他的成绩又回落了。这次我们有经验了，不再像以前那样焦急。我们在等待，给他一定的时间和自由度，让他自己调整，再一次去适应这种外来的因素改变对他学习的影响。他的项目导师也鼓励他说：“在我们筛选的上百个菌种中，其中一个获得成功，那就很好了”。他的话让孩子明白，科研的成功，必须有历经千辛万苦的“坚持”，才能终得“柳暗花明”。任何成功的获得都不是偶然的，在取得真经之前，都要做学习和科研道路上的“苦行僧”。这是一种寂寞，也是一种快乐。到了学年末，我们这种等待有了结果，他的成绩逐渐赶了上来，科研也越做越顺利。

三年级如约而至，真正的高中生活开始了。化学、物理和生物都是他喜欢的科目，语文和英语仍然是弱项。虽然在班里，他这两科的成绩仍然是倒数，但我们看到了他的进步，很长的英语课文 15 分钟就搞定，这是一年级时我们都不敢想的事情。在科学俱乐部中，他如鱼得水，所承担的项目做得顺风顺水的。在一年半的时间里，他独立完成了“抗肿瘤物质曙红的筛选及其抗肿瘤作用的研究”。凭借这个项目，他参加了北京市青少年创新大赛。遗憾的是，他只得了二等奖，我们和他一直认为他有希望得一等奖的。失去了一等奖，也就失去了参加全国比赛的机会。他很失落，我们这时安慰他说：“不论结果如何，至少你曾经为自己的梦想努力过，为自己的人生拼搏过，那么就永不后悔。剩下的事情，我们就是尽自己的全力去迎接高考了。”孩子虽然表面上看上去接受比赛的结果，但心中还牵挂着他未能全部完成的科研项目，我们同他商量，先安心学习，科研项目假期再做，我们之所以这样安排，是因为老师们反复地和我们说三年级学习的重要性。一切按计划进行着，孩子的学习成绩逐步上升，科研项目在寒假顺利完成。虽然这年的大年初一是在实验室里面度过的，重复单调的生活让人厌倦。但孩子逐渐明白他所要追求的是什么，而我们也相信不久的将来，他一定会体会到什么是“众里寻他千百度，蓦然回首，那人却在灯火阑珊处”。这年的 6 月份，他参加了“明天小小科学家奖励活动”。参加活动之初，我们对他说“这次比赛要比创新大赛更难，参与一下就行了，不要抱太大的希望，我们的主要任务是参加高考。”孩子也就放松了心情，提交完论文后，就不再谈及比赛的事情了。

四年级，紧张的高考备战开始，此时的我们反而轻松了。孩子的一句话，让我们感到他长大了，成熟了，他说：“家长和老师说让好好学习没有用，只有自己想明白好好学才行。”在我们刚刚舒缓一下的时候，却意外的知道了他的科研项目顺利地通过初评、复评并进入了最终的决赛。当时八中有三人进入决赛，另外两人都有过参加创新大赛的经验，而且各方面的实力很强，我们对孩子说：“去参赛就行了，那两个校友项目做得非常好，我们得奖的希望不大，就当这一星期去放松一下吧。”一星期的等待是漫长的和忐忑的，我们心中还是很期盼他能得奖。按往年的惯例，那样的话他就能有 20 分的加分。也许是我们的祈祷起了作用，他居然获奖了，不但有 20 分的加分还有了保送的资格。我们就像做梦一样，随之而来的是北京大学的保送生考试。报名的时候，学校要求报五个专业，除了他喜欢的生命科学专业外，我们随便选了几个。因为参加保送生考试的孩子们，大多数是各种竞赛出身，而且听说考试极难。他从来没有学过竞赛，中学的学习也是一路摸爬滚打过来的。我们和孩子对这次考试都不抱什么希望，考试的时候，他又喝水又上厕所的，非常的放松。考完之后，就把考试放在了一边。2013 年 1 月 5 日，奇迹发生了，孩子居然顺利地通过了保送生考试，而且成绩还不错，被北京大学信息科学技术学院录取了。但孩子却对自己的专业不满意，想换专业。我们鼓励他参加高考，因为少儿班的孩子求学之路太顺利了，从未经历过大型的考试，特别像高考这样的。我们赞同他参加高考，想让他体会这其中的酸甜苦辣，少儿班的孩子本来就特殊，不经历高考就更特殊了，这对他的成长没好处。备战高考的日子是辛苦的，但我们的心里很踏实。

高考结束了，孩子没能如愿地换专业，为他中学时代画上一个圆满的句号留下些许的遗憾。我们对他说："人生其实是一段含泪的旅程，走到哪个阶段，就要爱上那段时光，不颓废地沉湎过去，不狂热地奢求未来。不是每段生命的渡口，都有承载命运的船，别抛弃梦想。学会在浮躁中思考，这样你才知道在喧嚣中走向哪里；学会在总结中自责，这样你才懂得在成功中如何超越；学会在雄辩中沉默，没有人愿意聆听你的鼓噪；学会在绝境前转身，你的脚下不是华山一条道；学会放下，只要能够走得更远；学会坚持，只要心中有一念尚存。学会在奔跑中多倾听自己灵魂的声音，只有这样你成长，才能走得更远。"

四年里，我们和孩子一起走过孩提时代和青春岁月，虽有被气疯和失去耐心的时候，但孩子却在不知不觉中向我们展示了生命中最初、最美好的一面。少一点责备，多一分理解，来一些赞赏；少一点包办，多一分引导，多一些放手；少一点盲从，多一分务实，多一些自信。孩子的眼光是率真的，视角是独特的，何不放慢脚步，陪着孩子静静体味生活的滋味，倾听孩子内心的声音在俗世的回响，从没完没了的生活里探出头，这其中成就的何止是孩子。

"人生没有彩排，每一天都是现场直播。"偶尔会想，如果人生真如一场电子游戏，玩坏了可以选择重来，或像一次友好博弈的象棋，走错路可以悔棋重来一次，那么重新回到四年前，我的孩子会变成什么样子？正因为时光流逝一去不复返，每一天都不可追回，每一次机会不可逆，上帝赐予你的每一次只有回忆的时光，没有重复机会，所以更要珍惜每一寸光阴，把握人生的每一次。

感受成长的潮起潮落

闫宇星

我的孩子

2009~2013 年北京八中少 16 班学生
2013 年保送北京大学
（本文写于 2015 年）

题记：少儿班用细致严谨的用心态度、永不言败的坚韧性格、乐观大度的阳光心智、风雨同舟的温暖集体，塑造和积淀着孩子四年的成长轨迹。

人生如海，每个人都在潮起潮落间演绎着各自的成长故事。2009 年 8 月，九岁的儿子研研带着一脸稚嫩，跨入了北京八中少儿班的大门，潮起中开始了对新生活满满的期待，蜕变中开始品读成长的含义。四年的时光转瞬即逝，1000 多个日日夜夜，昔日肉肉的小胖孩儿，如今已长成身体壮硕的小伙子。告别八中熟悉的红墙和青色的校服，踏上人生新的起点；流连于未名湖畔，伴读于博雅塔下，我看到了孩子日渐成熟的身影。回首四年少儿班的生活，孩子在磕磕碰碰中体验着长大的滋味，在跌倒爬起中历练着坚韧的力量，在挫折失败中感悟着友情的温暖，在挑战考验中诠释着用微笑迎接风雨。少儿班用细致严谨的用心态度、永不言败的坚韧性格、乐观大度的阳光心智、风雨同舟的温暖集体，塑造和积淀着孩子四年的成长轨迹。手中的笔儿起儿落，真想记录下每一个闪光的点滴，每一分充实的收获，为回忆，也为纪念，这难忘的四年。

一、用心自主的态度

“无论学习或是生活，最需铭记的是用心的态度。”这是少儿班学生入学后，老师们强调最多的一句话。用心观察，用心思考，用心处理自己的事情，用心对待集体的事物，用心是对自己和他人负责的表现，是尽力而为的高度自律。老师如此教导着学生，也在教学中践行着“用心的巧妙安排”。初入校门，每一位少儿班的孩子，都用自己的行李箱一次性拉回了全部初一到高三的基础教材，那是怎样的一次浩浩荡荡的放学，至今仍然让人记忆犹新。老师们用这种方式悄然提醒孩子们，从今天起，你们将拥有一个不同于他人的学习平台，这个平台会给你充分的自主空间，也会给你带来空前的学习考验。

果然，随后的一系列学习生活“第一次”，让孩子们开始体验什么叫思维自由，行动自律。开学第一课——《伤仲永》，伴随着对课文的深入讲解与讨论，这些被社会上称为“神童”的孩子们，牢牢地在心中树立起了一个鲜明的概念：最终成功的人，不是最聪明的，而是最用心最勤奋的人！所以，专心听课，按时完成作业，努力思考，大胆实验，成为所有孩子学习过程的基本要求。不要试图对老师的要求打折扣，勤奋刻苦才是通向成功最踏实的道路。

数学课上，每日一题需要你耗费脑汁，想出多角度的解题方法；生物课后，自主栽培西红柿，拿出成熟的果实参与鉴定；政治课堂，激烈的辩论此起彼伏；英语互动，交流各自的自创报纸……这里没有死记硬背，必须融会贯通；不能依靠他人，必须自主创造。

第一次社会实践，山西大同的文化景观深深嵌入了少儿班孩子的内心，而方法竟然是三幅让人惊掉下巴的对联作业“云冈石窟：北魏兴国一锤定千古”“悬空寺：古刹悬空历千年风雨岿然不动”“应县木塔：一塔二舍利三世佛藏身四暗五明六重飞檐斗拱七级浮屠迎八方来客九州共叹十分精巧”。这串由语文老师提出的帅气上联，有效地调动起 29 个小脑袋的积极性，促使孩子们开足了大脑马力，倾尽了有限的文学储备，思考博弈，挑战极限。与此同时，快速移动、自我管理、定时总结和同伴互助等“半军事化管理”的出行要求，也让孩子们初尝了八中少儿班严格的纪律规范和自主管理的行事风格。

学习上，因为用心，孩子们不会漏过那些细碎的知识点，使知识脉络更加清晰，不会疏忽那些宝贵的思考点，让思维的历练始终深入宽广。同时，生活中，因为用心，少儿班的孩子也不会错过那些有趣的瞬间，用自己的想象和创造，为程序化的校园生活补充活力，让自己变得积极快乐。记得孩子刚刚进入中学的时候，不少男孩家长发现了一个共同问题，那就是孩子们的校服裤子总是在膝盖部位磨出大大的窟窿。妈妈们百思不得其解，孩子们也都集体保持沉默。直到家长会的一天，这个谜底终于揭开了。原来孩子们在教学楼并不宽阔的楼道空间里，自创了课间手球运动。音乐教室门前不足 15 平方米的空场成了“临时球场”，一群身着统一校服的小男孩，在楼道空地上大汗淋漓地快速爬行，传球、进攻、守门、得分，激烈角逐中众人争抢的竟是一个用胶带捆绑结实的餐巾小纸包，据孩子们讲，那是他们自制的速度超快、手感超好的“手球”。旁若无人的比赛，兴致盎然的家长观战团，那场景至今想起来，仍然让人忍俊不禁。经常有朋友好奇地问我，少儿班孩子四年学习八年的课程，平时有时间玩耍吗？其实少儿班的孩子最擅长的就是玩儿，他们用心经营着自己的校园生活，在学校和老师的宽容并快乐的氛围中渐渐长大。

二、永不言败的个性

曾经，八中传达室一位新来的保安小伙子诧异地问研研：“怎么这个学校里老看见一群小孩子，不好好在教室念书，跑出去玩儿?”其实，保安哥哥见到的就是八中少儿班著名的“自然体育课”。每周一个半天走出户外，走进大自然，在老师的带领下进行严格的体能训练。复兴门地铁站到八角游乐园站，一个半小时急行军走个来回，不许说话，不能喝水；玉渊潭公园环湖越野跑外加湖上“龙舟竞技”，直练到骨软筋麻、手脚起泡；郊区野外生存训练，跟着教官在湖心的小石头上，负重渡河，体验“水上飞”；登山越野不走寻常路，与草蛇周璇，学习“荒野求生”技能。“五一”短假登泰山、暑假期间探秘五大连池、毕业前夕海外游学……自然体育课不断地延伸拓展。此外，每天放学后，少儿班的孩子雷打不动要完成必需的长跑任务，男生 1500 米，女生 1000 米，不论春夏秋冬，风雨无阻。严格地训练，近乎“苛刻”的体能要求，不仅赋予了孩子强健的体魄，同时也养成了孩子们困难面前誓不低头，挫折面前永不言败的坚韧个性。

2012 年春天，研研经过选拔顺利进入北京市翱翔计划。这个计划是北京市青少年科技发明与创造的平台，要求参与计划的每名学员都要在大学导师指导下，在规定的一年半时间内完成课外专题学习、科学研究和论文写作。不到 11 岁的孩子与一群十五六岁的孩子一起，开始了科学世界的初步探索与挑战。那是怎样一个艰辛的过程，我现在记忆犹新。忘不了课题之初，寒冷的十字路口，孩子在路人冷漠的目光中忙碌地分发调查问卷；忘不了每一个周末，踏入陌生校园参加专题学习的孩子孤单的背影；忘不了因知识储备不足，急得眼泪打转四处求教的“小可怜”，更忘不了挂着豆大汗珠，脸色蜡黄，在专家面前局促不安的首次汇报……太多的困难和问题扑面而来，而面临这种状况，年幼的孩子却显示出了与年龄不符的坚持和隐忍。原本专心的孩子在课堂上更加专注，因为要向40分钟课堂要成绩，保证校内学习成绩稳定前行；调整作息时间，每天9：00之前做完作业，全面投入课题数据的整理与分析；请教导师，筛选最佳课题研究方法；拜访大学学长，请教计算机数据处理技术；每天凌晨，用冷水清洗熬红的眼睛；对镜练习，锻炼演讲技巧与表达能力……没有抱怨，也来不及叹气，我知道，孩子已向困难正式宣战。11个月的艰苦努力，饱含孩子心血的课题结题论文新鲜出炉；少儿班孩子不服输的倔强个性，最终助研研以数学专业组答辩第一名的总成绩，登上了青少年翱翔科学论坛总答辩的讲台。当孩子身着正装，带着自信的微笑，面对全场50位专家、上百位翱翔学员、记者和家长，用流畅清晰而又严谨的表述展示研究报告，用机智幽默的语言回答现场提问时，我清楚地看到了孩子的蜕变，不再惧怕，不再懦弱，这应该是孩子对少儿班老师严格培养最精彩的回报。

中科大少年班优秀毕业生张亚勤的一句话震撼人心：“不要惧怕问题，因为我们生来就是为解决问题而来!”带着这样的感悟，孩子们在随后的学习生活中，用心地对待每一件事，直至进入大学，依然能够严格自律，不惧困难，迎难而上，负责任地迈出人生每一步。

三、温暖合作的集体

说起少儿班，很多人会联想到一群智力过人的孩子。的确，少儿班的孩子有着反应速度快，接受能力强的共同特点。但是，在少儿班里，真正受欢迎的并不是头脑最灵活的孩子，而是懂得欣赏，乐于助人，有着强烈团队归属意识的人。

少儿班的群体“特殊”，这个特殊意味着你会在每个领域都能发现有人拥有过人的素质和潜能。研研所在的班级里，理科发烧友能够在一夜之间把初中物理全部读完，并大致掌握知识的框架和脉络；文学小才子不到11岁可以用古文书写美丽的游记；国际范儿的小达人用英语撰写剧本，并且自导自演；淘气的软件高手用自编的电脑开机程序跟老师恶作剧，让着急上课的老师打不开机器哭笑不得；花滑“业余选手”在冰面上腾起稳稳落地，并且像芭蕾舞演员一样做出优雅绚丽的动作。每一个孩子都会在这个集体里拥有独到的优势，同时每一个孩子都不可能在任何方面处处领先。置身于这样一个优秀的群体，你可以在任何方向都轻松地找到自己的榜样；流连于如此得天独厚的交流平台，你可以尽情欣赏同伴，让自己每天都拥有新奇愉快的好心情。

针对少儿班的实际情况，老师们会有意识地对学生进行团队意识的培养。在日常的学习过程中，经常会通过小组合作学习，来强化孩子们之间荣辱与共，共同担当，良性竞争、携手进步的氛围。记得一次数学课上，老师给孩子们创设了一个团队研讨小课题，要求学生们自由结组，在有限的规定时间内，论证世界上是否存在某种多面体，并派出代表进行全班的公开陈述。讨论小组一形成，孩子们便迅速投入到紧张的工作中。研研擅长数学逻辑推理，经过周密细致的思考，快速对其中一个多面体做出了自己的逻辑论证，紧接着小组一位擅长文字表达的同学就帮助他写出了详细的论证过程，之后，其余四位小组成员动手将已有的理论论证动手做成了纸模型，随后全组一起为小组长做了演讲准备，完成了精彩的工作陈述。那是研研记忆中非常精彩有效的一次小组团队合作。

长期有效的团队训练，让少儿班的孩子们逐渐树立了牢固的观念，那就是，少儿班的集体是一艘统一的战船，每一位成员都是战船上的船员，只有战船不沉，才能一直扬帆起航。在这样的团队氛围影响下，孩子充分体会了集体的温暖，也养成了乐于助人，善于合作的良好行为风格。四年时光是一段紧张又温暖的日子，每当孩子生病不能上学时，一定有同学晚上打来电话，详细陈述白天上课的内容以及当晚的作业要求；因为科研计划，研研经常外出活动和交流，有时落课一落就是一周，但每次活动结束不管多晚回到学校，传达室里一定会有一个厚厚的袋子静静地等着他，里面放着整理得规整有序的试卷和资料，还有每次都字迹不同的学习说明。比赛失利时有人安慰，成功获奖后有人祝福，集体的信任与关爱让孩子在完成繁重的课外研究和竞赛任务的同时，始终保持了校内成绩的名列前茅。

感受着同伴的温暖，研研选择了加倍的真诚回报。平时的学习中，身边总会围着不少提问的同学，毫无保留地交流自己的想法，与进步的同学分享快乐；比赛拿到的奖学金，不假思索全部无偿捐给了学校的学生科技社团，为的是用自己的心意助志同道合的学友们起飞梦想；提前与北大签约，但却选择留下来继续高考，因为他要陪伴同学们度过人生中最艰苦最难忘的岁月；毕业前夕，毫不犹豫地主动让出北京市中学毕业生荣誉称号的名额，尽自己的微薄之力为同学雪中送炭。如今，迈进强手如云的知名学府，孩子依然保持了与人为善、以诚相待的做人原则，在最紧张激烈的期末考试期间，毫不吝啬地腾出大块时间帮助需要帮助的人；在集体活动需要大家支持时，积极参与，出谋划策，助同窗一臂之力；在军训方阵检阅时，咬牙训练，带病出征，为院系赢得荣誉……真诚的付出赢来新的友情，乐观阳光的心智让孩子在新的校园生活中快乐前行。

流连于书墨暗香，驰骋于阳光绿茵，聆听教诲，荡涤身心，四年的短暂时光，感受着成长中追梦的感动。潮起时的期待，潮落时的无奈，都让孩子们如此的不舍。那是孩子一生的财富。感谢八中少儿班，让孩子拥有了更多志同道合的同龄人，拥有了跨越一切困难的彩虹桥，拥有了思维碰撞、心智升华的坚实平台。孩子们在这里起步，在浩瀚的海洋中扬帆起航，在高远的天空中振翅起飞。相信坚强的孩子们，青春的路上既然选择了跋涉，他们一定会勇敢地风雨兼程，用执着的信仰、不屈的意志赢得明天，用成熟的担当和阳光的心智成就未来！

我家少年初长成

刘成勇　秦广萍

我的孩子

2010~2014 年北京八中少 17 班学生
2014 年考入北京大学
（本文写于 2015 年）

题记：与八中少儿班休戚与共的四年，也是孩子化茧成蝶的四年，转眼间儿子离开八中已近一年。适值八中少儿班成立 30 周年之际，我们更是怀着无限的感恩之情，忆起儿子在少儿班成长的点点滴滴。

一、那个一而再、再而三的小男孩

每每说起儿子，总忍不住要从孕育儿子之前说起，孩子出生前两年，因为妈妈被查出慢性肾小球肾炎，几乎没有一个医生吐口说可以要孩子。对做母亲的渴望战胜了所有的不可能，妈妈在边吃药边治疗的过程中孕育着儿子。可能正因为是这样，我们对孩子的成长格外关注。儿子从小就不愿意上幼儿园，这种状态一直持续，我们不知道如何来帮助孩子，甚至带孩子去做过心理测试。到了中班的上学期，经与幼儿园的教务主任沟通，她建议将儿子从中班调入大班。半年之后，孩子提前从幼儿园毕业，报考了育民小学的超常实验班，并被录取。但综合交通、年龄等几方面的因素，我们放弃了育民小学，儿子对此耿耿于怀。后来，儿子去了灯市口小学。现在回想起来，对于这样的选择，我们有些后悔。当时妈妈跟儿子说，如果几年后心中还有这个想法，我们去报考八中少儿班。

三年后，不满九岁的儿子，第一次报名参加八中少儿班选拔考试，当时因为年龄小，一开始没能通过资格审查。妈妈请求赵大恒主任，给孩子一次参加考试的机会。赵老师说，这得孩子自己来决定。赵老师问儿子，如果今年考不上，明年再参加考试，对你的要求会更严，你愿意参加吗？儿子说愿意。这一年，儿子没有通过复试。第二年，儿子再战，又没成功。第三年，儿子三战，终于如愿进入了八中少儿班。让我们很感欣慰和不解的是，儿子如此的气定神闲，从没有因为失败而气馁过，也没有为一定要考上八少而努力奋斗过，一切就这样自然而然地经历，自然而然地达成愿望。不知道儿子是不是八少历史上参加考试次数最多的孩子！

二、不爱写作业的“乖孩子”

儿子个性温和，待人谦和有礼。无论是对家长还是对老师，总是点头称是，很少说不，但主意很正。面对一个不爱写作业、态度却极好的孩子，我们几乎束手无策。无奈之下，妈妈去问英语老师乔老师，如果照孩子现在这样的状况，高考英语能考多少分？乔老师说，120 多分没问题，考得好可以上 130。妈妈说，那就这样吧，也没有什么好的方法了。结果孩子高考英语考了 139 分。去年孩子梦圆燕园，直到今天回想起来，仍像是在梦里！我们只能说，在八中少儿班没有什么是不可能的，总有奇迹发生。

回顾孩子四年的八少学习生活，很少能按照老师的要求完成作业。高考最后一天考完，李云芳老师说了一句最中肯的话：“你家儿子完成的作业还没有别的孩子一半多。”可想而知，身为家长怎能淡定而不焦虑？与我们的不淡定形成鲜明对比的是，孩子总奇怪地问我们，你们急什么？四年来，真的很感谢八中老师对孩子的包容，并总是在我们焦虑的时候，劝慰我们相信老师，相信孩子！

由于妈妈身体不好，对孩子的身体便格外关注，只要儿子喜欢吃的，从不加以控制，不知不觉走向了另一个极端。儿子初入八中少儿班，体重严重超标，是班上最胖的几个孩子之一，孩子的体重曾令我们一筹莫展。如今妈妈每每靠在高大帅气的儿子胸前，心中甭提有多美了，不得不赞美一下被家长和孩子们称道的跑圈和自然体育课。这不仅是八中少儿班教育的特色，也是孩子们记忆中最亮丽的风景线。

儿子在每天的跑圈和每周的自然体育课的不断洗礼下，体重一年一年在下降，身高一年一年在增加，如今已经长成了一个高 1.8 米的阳光少年，结实而挺拔。

三、心中有梦，永不放弃

孩子在八中少儿班的四年，学习成绩没有多少可圈可点之处。第一学期尚可，第二学期跌落到中下并一度在班上垫底，四年级时开始缓慢上升，高考前二模上升到班上第 11 名、学校第 48 名。孩子一直跟我们说他要上北京大学，身为爸爸妈妈尽管觉得按照他的成绩，这个理想实现起来有些困难，但是我们仍然选择尊重孩子、相信孩子，并尽心尽力地辅助他准备各种自主招生的材料，寻找可能的机会。无论在什么情况下，孩子从未放弃过北大梦，最终如愿以偿。这一点令我们家长油然而生敬意。阳光、自信、永不放弃，这是每一个少儿班孩子身上共有的特点，也是对八中少儿班教育最好的诠释。

四、自由、充实而有趣的课堂

写完孩子，我就写一段印象最深的与少儿班教学有关的一件事吧。记得是第二学期，学校允许每周有几个家长去旁听一天。听了两次之后，不知何故，这项活动很遗憾没有进行下去。我有幸去参加了一天的旁听。课堂上孩子们坐姿各异，思维异常活跃。印象最深的是，数学课上，王春辉老师每出一道题，孩子们很快就用不同的方法给出答案，而我们的这些家长里有大学计算机系的教授，却还在演算中……孩子们在发言的过程中，王春辉老师总是走到发言的孩子身旁说，孩子你说慢一点，我没有听懂。孩子们的自信和无拘无束地应答与王老师的低姿态相映成趣……地理课上，王宁老师一提到锡金，立马就有孩子说出锡金何时并入印度。一天下来，我们的感受是课堂上无论老师如何扩展，总会有孩子应答如流，从未有冷场的时候；课堂气氛异常活跃，却没有出现一般课堂上老师要求安静的情况；老师给孩子无限的空间，孩子们尽情地发挥自己，从不要考虑什么可以说什么不可以说。一天下来，真是既辛苦又充实，却是很难得的享受。

随着孩子从八中少儿班毕业，我们与少儿班息息相关的四年时光成了永恒。每每提起孩子的这四年时光，我们心中永远充满的是感恩和想念。少儿班给我们最宝贵的收获不是孩子提早进入了心仪的大学，而是培养了孩子自信、谦和、平等、包容、淡泊、感恩……所有与名利无关的品质，将永远温暖着孩子的心，也温暖着周围的人。

最后祝愿亲爱的老师幸福安康到永远！

祝愿八中少儿班犹如一颗璀璨的明珠，永远辉耀八中！